功能话语语法视角下的"一量名"指称情况研究

王羽熙

知识产权出版社
全国百佳图书出版单位
—北京—

图书在版编目（CIP）数据

功能话语语法视角下的"一量名"指称情况研究/王羽熙著. —北京：知识产权出版社，2019.10

（樟园百花论丛）

ISBN 978-7-5130-6481-1

Ⅰ.①功… Ⅱ.①王… Ⅲ.①汉语—数量词—研究 Ⅳ.①H146.2

中国版本图书馆CIP数据核字（2019）第212076号

内容提要

本书在已有研究的基础上，考察汉语中"一量名"的指称情况，即"一量名"具有哪些主要的指称用法和非指称用法，以及不同指称类型的"一量名"在具体话语中又有什么样的特定功能。功能派学者普遍认为，对语言单位的研究不应局限于句法或者语义层面，而更多地应从交际意图出发，在具体的话语中去探讨语言单位的具体用法和功能。因此，本书从功能话语语法的角度，分人际、表征、句法三个层面，全面考察"一量名"的五种主要指称情况，并阐述其在不同语境中的语用、语义、句法功能。同时，本书也从以上几个层面，以交际意图为出发点，分析语言现象背后的原因。

策划编辑：蔡　虹	
责任编辑：兰　涛	责任校对：谷　洋
封面设计：张　冀	责任印制：刘译文

功能话语语法视角下的"一量名"指称情况研究

王羽熙　著

出版发行：	知识产权出版社有限责任公司	网　　址：	http://www.ipph.cn
社　　址：	北京市海淀区气象路50号院	邮　　编：	100081
责编电话：	010-82000860转8325	责编邮箱：	lantao@cnipr.com
发行电话：	010-82000860转8101/8102	发行传真：	010-82000893/82005070/82000270
印　　刷：	北京嘉恒彩色印刷有限责任公司	经　　销：	各大网上书店、新华书店及相关专业书店
开　　本：	720mm×1000mm 1/16	印　　张：	14.5
版　　次：	2019年10月第1版	印　　次：	2019年10月第1次印刷
字　　数：	221千字	定　　价：	68.00元

ISBN 978-7-5130-6481-1

出版权专有　侵权必究

如有印装质量问题，本社负责调换。

目 录

第一章 绪论 …………………………………………………… (1)
  1.1 研究对象和任务 ………………………………………… (1)
    1.1.1 研究对象 …………………………………………… (1)
    1.1.2 研究任务 …………………………………………… (2)
  1.2 研究现状及具体研究范围 ……………………………… (3)
    1.2.1 功能话语语法的研究现状 ………………………… (3)
    1.2.2 指称问题及其分类的研究现状 …………………… (6)
    1.2.3 "一量名"的研究现状及存在的问题 …………… (10)
    1.2.4 "一量名"的指称情况及本书研究范围 ………… (14)
  1.3 理论意义及应用价值 …………………………………… (17)
  1.4 理论依据与研究方法 …………………………………… (19)
    1.4.1 本书理论依据 ……………………………………… (19)
    1.4.2 本书的主要研究方法 ……………………………… (19)
  1.5 语料来源及符号说明 …………………………………… (20)
    1.5.1 语料来源 …………………………………………… (20)
    1.5.2 符号说明 …………………………………………… (20)

第二章 本书依据的功能话语语法的三个层面 ……………… (21)
  2.1 功能话语语法的来源和特点 …………………………… (21)
    2.1.1 功能话语语法的来源 ……………………………… (21)
    2.1.2 功能话语语法的主要特点 ………………………… (21)
  2.2 人际层面 ………………………………………………… (25)
    2.2.1 人际层面的特点及层级构成 ……………………… (25)
    2.2.2 人际层面内容框架的类型 ………………………… (27)
  2.3 表征层面 ………………………………………………… (29)

2.3.1　表征层面的特点及层级构成 ……………………… (29)
　　2.3.2　表征层面事件状态框架类型及情态 ……………… (31)
2.4　形态句法层面 ………………………………………………… (34)
　　2.4.1　形态句法层面的层级构成 ………………………… (34)
　　2.4.2　形态句法层面排列的特征及规律 ………………… (35)

第三章　不定指"一量名"人际、表征和句法层面情况考察 … (38)
3.1　"一量名"的不定指功能 …………………………………… (38)
　　3.1.1　"不定指"的概念及表现形式 …………………… (38)
　　3.1.2　关于不定指NP的判定 …………………………… (39)
　　3.1.3　不定指"一量名"的判定标准和分类 …………… (40)
3.2　人际层面的不定指"一量名" …………………………… (40)
　　3.2.1　不定指"一量名"所处的内容框架 ……………… (40)
　　3.2.2　话题为焦点的一般性框架中的不定指"一量名" … (41)
　　3.2.3　述题为焦点的一般性框架中的不定指"一量名" … (45)
　　3.2.4　述题为焦点的话题性框架中的不定指"一量名" … (49)
　　3.2.5　辨识性焦点框架中的不定指"一量名" ………… (54)
3.3　表征层面的不定指"一量名" …………………………… (57)
　　3.3.1　不定指"一量名"所在的SoA类型 ……………… (57)
　　3.3.2　存在性SoA中不定指"一量名"的语义表征 …… (58)
　　3.3.3　二价述谓动态型SoA中不定指"一量名"的语义
　　　　　表征 ……………………………………………… (61)
　　3.3.4　一价述谓动态型SoA中不定指"一量名"的语义
　　　　　表征 ……………………………………………… (64)
　　3.3.5　不定指"一量名"作为SoA修饰语的语义表征 … (65)
3.4　句法层面的不定指"一量名" …………………………… (67)
　　3.4.1　呈现句中不定指"一量名"的句法特征 ………… (68)
　　3.4.2　二价述谓小句中不定指"一量名"的句法特征 … (71)
　　3.4.3　一价述谓小句中不定指"一量名"的句法特征 … (75)
　　3.4.4　辨识性提升小句中不定指"一量名"的句法特征 … (76)

第四章　定指"一量名"人际、表征和句法层面情况考察 ……(79)
4.1　"一量名"的定指功能 …………………………………(79)
4.1.1　"定指"的概念及表现形式 ……………………(79)
4.1.2　"一量名"的定指功能及其判定标准 …………(79)
4.1.3　语境中定指"一量名"的不同类型 ……………(80)
4.2　人际层面的定指"一量名" …………………………(82)
4.2.1　定指"一量名"所处的内容框架及功能 ………(82)
4.2.2　话题为焦点的一般性框架中的定指"一量名" …(83)
4.2.3　述题为焦点的一般性框架中的定指"一量名" …(86)
4.2.4　述题为焦点的话题性框架中的定指"一量名" …(87)
4.2.5　辨识性焦点框架中的定指"一量名" …………(89)
4.3　表征层面的定指"一量名" …………………………(90)
4.3.1　定指"一量名"所在的 SoA 类型 ………………(90)
4.3.2　存在性 SoA 中定指"一量名"的语义表征 ……(90)
4.3.3　同一性 SoA 中定指"一量名"的语义表征 ……(93)
4.3.4　二价述谓动态型 SoA 中定指"一量名"的语义表征 …………………………………………………(93)
4.3.5　一价述谓非动态型 SoA 中定指"一量名"的语义表征 …………………………………………………(97)
4.3.6　定指"一量名"语义表征的总体特点 …………(98)
4.4　句法层面的定指"一量名" …………………………(100)
4.4.1　呈现句中定指"一量名"的句法特征 …………(100)
4.4.2　同一性小句中定指"一量名"的句法特征 ……(105)
4.4.3　一价述谓小句中定指"一量名"的句法特征 …(107)
4.4.4　二价述谓小句中定指"一量名"的句法特征 …(108)
4.4.5　辨识性提升小句中定指"一量名"的句法特征 …(110)

第五章　类指"一量名"人际、表征和句法层面情况考察 ……(111)
5.1　"一量名"的类指功能 …………………………………(111)
5.1.1　"类指"的概念及表现形式 ……………………(111)
5.1.2　"一量名"表类指的具体情况 …………………(112)

5.1.3　类指性"一量名"的判定标准 ………………………… (113)
　5.2　人际层面的类指"一量名" ……………………………………… (114)
　　5.2.1　类指"一量名"所处的内容框架 …………………… (114)
　　5.2.2　述题为焦点的话题性框架（Ⅰ）中的类指
　　　　　"一量名" ……………………………………………… (115)
　　5.2.3　述题为焦点的话题性框架（Ⅱ）中的类指
　　　　　"一量名" ……………………………………………… (126)
　　5.2.4　辨识性焦点框架中的类指"一量名" ……………… (127)
　5.3　表征层面的类指"一量名" ……………………………………… (129)
　　5.3.1　类指"一量名"所在的 SoA 类型及其情态 ……… (129)
　　5.3.2　述谓性 SoA 中类指"一量名"的语义表征及
　　　　　动因 ……………………………………………………… (130)
　　5.3.3　"一量名"所在非现实性 SoA 的情态类型 ……… (135)
　5.4　句法层面的类指"一量名" ……………………………………… (139)
　　5.4.1　一般性述谓句中"一量名"的句法特征 …………… (139)
　　5.4.2　"左—右"分离性述谓句中"一量名"的句法
　　　　　特征 ……………………………………………………… (140)
　　5.4.3　同型话题结构中"一量名"的句法特征 …………… (142)

第六章　陈述性"一量名"人际、表征和句法层面情况考察 …… (144)
　6.1　"一量名"的陈述功能 …………………………………………… (144)
　　6.1.1　陈述性"一量名"的定义 ……………………………… (144)
　　6.1.2　陈述性"一量名"的判定标准和表现形式 ………… (144)
　6.2　人际层面的陈述性"一量名" …………………………………… (145)
　　6.2.1　陈述性"一量名"所处的内容框架 ………………… (145)
　　6.2.2　述题为焦点的话题性框架中的陈述性
　　　　　"一量名" ……………………………………………… (145)
　　6.2.3　话题为焦点的一般性框架中的陈述性
　　　　　"一量名" ……………………………………………… (154)
　　6.2.4　辨识性焦点框架中的陈述性"一量名" …………… (155)
　6.3　表征层面的陈述性"一量名" …………………………………… (157)

6.3.1 陈述性"一量名"所在的 SoA 类型 ……………………（157）
　　6.3.2 分类性 SoA（Ⅰ）中陈述性"一量名"的语义
　　　　 表征 ………………………………………………………（158）
　　6.3.3 分类性 SoA（Ⅱ）中陈述性"一量名"的语义
　　　　 表征 ………………………………………………………（164）
　　6.3.4 分类性 SoA（Ⅲ）中陈述性"一量名"的语义
　　　　 表征 ………………………………………………………（168）
　6.4 句法层面的陈述性"一量名" …………………………………（174）
　　6.4.1 分类性小句中"一量名"的句法特征 ……………………（174）
　　6.4.2 "左—右"分离性述谓句中"一量名"的句法
　　　　 特征 ………………………………………………………（175）
　　6.4.3 "左—中—右"分离性述谓句中"一量名"的
　　　　 句法特征 …………………………………………………（178）
　　6.4.4 一般性述谓句中"一量名"的句法特征 …………………（181）
　　6.4.5 对比性小句中"一量名"的句法特征 ……………………（183）

第七章　数量型"一量名"人际、表征和句法层面情况考察 ………（184）
　7.1 "一量名"的表量功能 …………………………………………（184）
　　7.1.1 数量型"一量名"的定义和判定标准 ……………………（184）
　　7.1.2 数量型"一量名"的分类 …………………………………（184）
　7.2 人际层面的数量型"一量名" …………………………………（185）
　　7.2.1 数量型"一量名"所处的内容框架 ………………………（185）
　　7.2.2 话题为焦点的一般性框架中的数量型
　　　　 "一量名" …………………………………………………（185）
　　7.2.3 述题为焦点的一般性框架中的数量型
　　　　 "一量名" …………………………………………………（186）
　　7.2.4 述题为焦点的话题性框架中的数量型
　　　　 "一量名" …………………………………………………（187）
　　7.2.5 辨识性焦点框架中的数量型"一量名" …………………（192）
　7.3 表征层面的数量型"一量名" …………………………………（193）
　　7.3.1 数量型"一量名"所在的 SoA 类型 ……………………（193）

7.3.2 存在性 SoA 中数量型"一量名"的语义表征 ……(194)
7.3.3 二价述谓动态型 SoA 中数量型"一量名"的
　　　语义表征…………………………………………(195)
7.3.4 一价述谓动态型 SoA 中数量型"一量名"的
　　　语义表征…………………………………………(198)
7.4 句法层面的数量型"一量名"……………………………(200)
7.4.1 呈现句中数量型"一量名"的句法特征…………(200)
7.4.2 述谓性小句中数量型"一量名"的句法特征……(201)
7.4.3 辨识性提升小句中"一量名"的句法特征………(203)

第八章　结语……………………………………………………(205)
8.1 本研究的主要结论………………………………………(205)
8.2 本研究的不足和待研究的问题…………………………(213)

参考文献………………………………………………………(214)

第一章 绪论

1.1 研究对象和任务

1.1.1 研究对象

在现代汉语中,"一量名"作为一种常见的名词性短语(Noun Phrase,NP),其指称情况是复杂多样的。为了便于分析,先看下面一组与之相关的例子:

(1) 一个警察在追一个小偷。
(2) 沙漠里有一种耐旱的植物——仙人掌。
(3) 一个年轻的女孩子应该要洁身自爱。
(4) 他是一名优秀的人民教师。
(5) 生产一台机器需要两个小时。

以上几个例句中,例(1)中的"一量名"有两个,即"一个警察"和"一个小偷",它们在语境中所指称的对象都是不确定、不可辨识的,故"一量名"表示不定指;例(2)中,"一种耐旱的植物"所指称的对象就是"仙人掌",在语境中可以辨明其确切所指,"一量名"表定指;例(3)中,"一个年轻的女孩子"与例(1)、(2)中"一量名"的指称情况又有所不同,它所指称的对象并不是某一个具体的"女孩子",而是具有"年轻的女孩子"这类特征的所有实体,指称的是"类"而不是"个体",因此"一量名"在这里表示类指;例(4)中,"一名优秀的人民教师"不用于指称实体,而是用来描述主

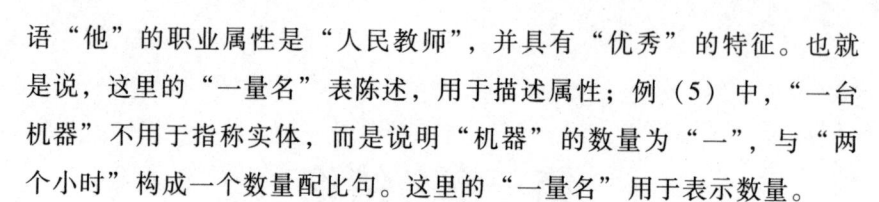

语"他"的职业属性是"人民教师",并具有"优秀"的特征。也就是说,这里的"一量名"表陈述,用于描述属性;例(5)中,"一台机器"不用于指称实体,而是说明"机器"的数量为"一",与"两个小时"构成一个数量配比句。这里的"一量名"用于表示数量。

通过对上述实例的分析,可以看出,在具体话语中,"一量名"有不定指、定指、类指、表属性、表数量等多种指称情况。前人对"一量名"的指称情况虽有过或多或少的探讨,但缺乏对"一量名"指称情况的系统性研究,也很少有人分析"一量名"的不同指称情况在具体话语中的表现。另外,一些学者在"一量名"的指称分类上也有分歧,许多问题还有待进一步探讨。

本书拟在已有研究的基础上,考察汉语中"一量名"的指称情况,即"一量名"具有哪些主要的指称用法和非指称用法,以及不同指称类型的"一量名"在具体话语中又有什么样的特定功能。功能派学者普遍认为,对语言单位的研究不应局限于句法或者语义层面,而更多地应从交际意图出发,在具体的话语中去探讨语言单位的具体用法和功能。因此,本书拟从功能话语语法的角度,分人际、表征、句法三个层面,全面考察"一量名"的五种主要指称情况,并阐述其在不同语境中的语用、语义、句法功能。同时,我们还将从以上几个层面,以交际意图为出发点,去分析其中的原因。

1.1.2 研究任务

关于"一量名"的指称情况,仍有许多问题值得去研究。就本书而言,研究任务主要分为两点。第一,研究"一量名"的5种主要指称情况的定义、判定标准及分类。第二,研究"一量名"在功能话语语法(FDG)的人际、表征、句法这三个层面的具体情况。根据这两点,我们可以从四个方面来看本书所要集中研究的问题。

1.1.2.1 "一量名"指称情况的定义、判定标准及分类

从话语功能的角度,"一量名"的定指、不定指、类指、表属性、表数量这5种指称情况应该如何定义?其判定标准分别是什么?每种

情况又有什么样的下位分类？

1.1.2.2 "一量名"在人际层面需要研究和讨论的问题

人际层面以话语行为（Discourse Act）为基本分析单位，而"一量名"可以看成是话语行为中的子行为（subact），具有话题/述题、焦点/非焦点、对比/反复等人际功能。那么，不同指称类型的"一量名"在话语行为和语段中分别有哪些人际功能？在表示某种人际功能时，又体现了说话人什么样的交际意图？在"一量名"与其他语言单位具有同样指称功能的情况下，为何选用"一量名"而不是其他语言单位？

1.1.2.3 "一量名"在表征层面需要研究和讨论的问题

表征层面以事件状态（State of Affairs）为基本分析单位，而"一量名"可以看成是事件状态中的语义角色（semantic roles of participant）。需要研究的是，在具体话语中，不同指称类型的"一量名"分别被用来描述何种类型的事件状态？在特定的事件状态中，"一量名"的指称对象在语义表征上体现出何种特点？反映到人际层面上，是否与"一量名"的不同人际功能和意图有关？

1.1.2.4 "一量名"在句法层面需要研究和讨论的问题

表征层面以小句（Clauses）为基本分析单位，"一量名"是小句框架中的句法组成成分。而作为句法组成成分，不同指称类型的"一量名"应当被放在什么样的小句框架中，在这些小句框架中又是如何被排列的？"一量名"所在的不同小句框架，分别具有什么样的特征？体现了说话人什么样的交际意图？

1.2 研究现状及具体研究范围

1.2.1 功能话语语法的研究现状

功能话语语法（Functional Discourse Grammar, FDG）作为传统功

能语法（Functional Grammar，FG）的延续和发展，一方面继承和保留了其基本概念，另一方面较 FG 而言，更重视语用和心理上的充分性，为话语研究提供了一个新的"自上而下"的模式研究。关于 FDG 的研究在西方语言学界颇为盛行，早在 20 世纪末期，以 Kees Hengeveld （1995）为代表的学者们就有使用 FDG 的相关模式和概念来解决语法问题。目前来看，国内还少有学者研究这一语法范式，但也不是完全空白，如吴玉玲（2010）、于守刚（2014）、刘琪（2014）、许明（2015）等人的文章中都有研究或涉及这一理论，其中许明更是将之作为博士论文的主要理论依据，这也从侧面印证了该理论用于汉语语法研究的可行性。

1.2.1.1 国外语言学对于功能话语语法的研究情况

在国外语言学的范畴中，该理论的研究已经相对成熟，既有与 FDG 有关的理论性专著，也有运用 FDG 理论对具体的语言事实（如对词汇、句法现象的处理）进行分析解释的文章。

关于 FDG 的系统理论研究，比较有名的主要是 Kees Hengeveld （2008）、J. Lachlan Mackenzie（2008）和 Evelien Keizer（2015）的著述。Hengeveld & Mackenzie（2008）在 *Functional Discourse Grammar：A Typologically-Based Theory of Language Structure*[1] 一书中，具体介绍了功能话语语法的基本概念、研究模式、层级与层面，并从类型学的角度，基于多种语言的对比，对 FDG 整体理论进行了详尽的介绍和阐述。相比前两位学者的研究，Evelien Keizer（2015）则更注重 FDG 在英语中的应用。她在自己的著作 *A Functional Discourse Grammar for English* 之中，主要说明了 FDG 这种语法范式，及其四个层面是如何被应用到英语研究中去的。相对而言，Keizer 的理论简化了 Hengeveld & Mackenzie 的理论，许多方面也更适用于单项语言的研究。

除此之外，也有不少学者采用功能话语语法理论对具体语言事实进行分析。例如 Hengeveld（2008）就以名词性短语（NP）为切入点，

---

[1] 中文可译为《功能话语语法：类型学基础上的语言结构理论》。

讨论了 FDG 中的原形名词短语和非原形名词短语,并从人际层面分类了指称性和归属性的 NP。Keizer（2005）从人际、表征、形态句法三个层面对于英语中的代词形式进行分析,指出英语中的代词（如 it）在人际和表征层面不承载词汇信息,而是依附于即时话语情景或者先前话语的信息之上,在语义表征上是空白的（empty）。John Connolly（2007）集中研究了语境成分在 FDG 中的作用,一方面说明了语境对于整个 FDG 框架的影响,另一方面从多个角度对语境进行了区分,提出了话语语境 vs 情景语境、自然语境 vs 社会文化语境、狭域语境 vs 宽域语境、心理语境 vs 非心理语境等类型。Daniel Garcia Velasco（2013）利用 FDG 的四个层面间的关联,解释了宾语提前等特殊的句法"提升"现象。其余还有如 Christopher S. Butler、Dik Bakker、Garcia Velasco、Quirk et al 等学者的研究,由于篇幅限制,加之与本书研究相关性不大,故此处不作详细论述。

1.2.1.2 国内研究者对于功能话语语法的研究

国内对于 FDG 的研究比较少,最主要的是许明的研究成果（2014）。许明运用功能话语语法的基本理论,采用 Smit、Keizer 等学者所提出的话语行为框架,对于汉语中的"话题—述题"结构的信息组装进行了分类和分析描述,同时讨论了其在人际、表征、形态句法三个方面的功能。相对而言,这一研究引入了一种新的分析模式,解释了汉语中一些特殊的构式,如存在句、话题复制结构、焦点前移现象等,有一定的参考价值。其不足之处在于将研究集中在几类表层结构的分类之上,对于信息组装与句法结构之间的关联并没有做太深入的研究。除许明之外,还有一些学者也使用 FDG 对汉语现象进行了分析解释,以吴玉玲（2011）、于守刚（2014）等人为代表。吴玉玲（2011）利用 FDG 四个层面的研究模式,分析了汉语中仿拟话语结构的语用意图、语义表征,以及其在句法和音系上的输出和编码过程,很好地解释了该结构的整体表征过程。于守刚（2014）则在其文中重点介绍了 FDG 中的形态句法层,并引入了汉语实例,对于形态句法层的排列（alignment）及排列所反映的人际、表征特点,还有假位成分在该层的具体运用作了详细的描写和分析,从而使得汉语学界对该理论有了进一步的了解。

1.2.2 指称问题及其分类的研究现状

在现代语言学中，指称是一项非常重要的概念，在语言学的许多学科中均有提及，例如词汇语义学、语用学、语法学等。语言学中的"指称""陈述（非指称）"等概念渊源于逻辑语义学和哲学，是建立于哲学、逻辑学中的"涵义"和"指称""内涵"和"外延"等原始概念基础上的。早在20世纪60年代以前，西方哲学家和逻辑学家们就开始了指称研究，其后，指称问题流传入汉语语言学界，在国内也是风靡一时。我们将分别探讨国外、国内的指称研究现状。

1.2.2.1 指称研究的来源和西方哲学、逻辑学研究

最早关于自然语言的意义、指称等问题，主要是由逻辑学家和哲学家来进行研究，其中较为有名的是弗雷格（1892）、罗素（1905）、卡尔纳普（1946）、斯特劳森（1950）、唐纳兰（1966）等人。

在哲学研究中，主要的研究者有弗雷格、罗素、唐纳兰、斯特劳森。其中弗雷格（1892）是首次提出"含义"与"指称"这对概念的学者。他通过讨论同一性问题，引出了符号与含义、指称等概念，并对这几个概念进行具体区分，从而使学界首次认识到"指称"的重要性，不再拘泥于对概念意义本身的研究。罗素（1905）则进一步完善了他的理论，区分了专名与摹状词、量化成分等语言符号，较弗雷格而言，分工更加明细，但他的理论重在分类和分析，没有过多考虑语用的因素。斯特劳森（1950）、唐纳兰（1966）等人继而提出，应当从功能的角度去看待指称问题，而不是把它看成是词语的本质属性，这一观点有了很大的进步。

而逻辑学研究中，成果比较显著的要属卡尔纳普（1946）。他的观点继承了约翰·穆勒的"内涵—外延"观念，将传统概念中的"外延"重新定义为偶然间的指称，而"内涵"则是"含义或意义"。他指出，应当把每个表达式都看作一个实体的名称，从"外延"和"内涵"两方面来把握其与要表达的对象间的关系。

除了以上理论之外，还有一些哲学家、逻辑学家从其他角度对指称、意义理论进行过研究补充，例如普特南、克里普克（1970）等人的历史因果理论，赛尔（1983）的意向论等。

1.2.2.2 汉语语言学的指称理论研究

在汉语语言学中，也有不少学者对于指称理论进行了详尽、深刻地研究。自20世纪后半叶以来，朱德熙（1982）、陆俭明（1990；1993）、彭可君（1992）、马庆株（1995）、朱景松（1996）、张斌（1998）、袁毓林（2006）、王红旗（2011）等学者都对指称及其相关概念进行了界定和解释。

国内学者在探讨指称问题时，通常也不会只讨论指称本身，而是会把"指称"和"陈述"放在一组概念中来讨论。早期的汉语指称、陈述研究以朱德熙（1982）、陆俭明（1990）、朱景松（1996）等人的研究为主，主要观点有以下几项：①指称与陈述属于词汇的语义功能，是一组对立的概念；②指称用来描述某一个实体对象，陈述用来描述的则是实体对象的动作、行为等；③动词成分是典型的陈述形式，名词成分是典型的指称形式。可以看出，国内早年的这些研究都是将指称概念划入语义范畴。

而到了后期，指称研究有了一定的发展，学者们逐渐开始从语用、功能等范畴去思考"指称"与"陈述"的相关问题。这其中的主要代表人物是王红旗（2011），他主要是从功能语法的角度来看待陈述与指称，认为词汇在具体话语中既有指称功能也有陈述功能，但这些功能并不是词汇的固有属性，而是在具体的语境中体现出来的功能，与上下文有很大的关系。这一观点革新了"指称—陈述"的研究视角。其实，早在之前，马庆株（1995）、袁毓林（2006）等人也有使用"指称功能""陈述功能"这样的说法，但仍然认为这组概念属于语义的层面，对应的是"指称义""陈述义"。相对而言，王文的观点则划分的更加明确，将指称研究从语义带入了语用范畴。

1.2.2.3 名词性成分的指称分类系统研究

指称的分类研究是汉语语法研究中的一大重要问题。就名词性成分而言，其指称的分类研究涉及形式和功能两派。不仅这两派分别对于指称的下位分类及其定义有着不同的观点，在功能语法内部也出现了许多分歧。本书主要从功能角度出发，故此处主要讨论从功能角度对名词性成分进行指称分类的情况。

功能派指称分类的代表主要以陈平（1987）、张伯江（1997）、王红旗（2004）、张谊生（2003）等人为代表，也有许多其他学者研究过，但多数建立在这几个人的分类基础之上。因此我们主要介绍这几家的观点。

陈平（1987）是最早对汉语指称范畴进行分类的学者，提出了实际话语中与指称功能相关的四组概念："有指—无指""定指—不定指""实指—虚指""通指—单指"。在他的理论中，区分"有指""无指"的标准是看 NP 在语境中指实体还是不指实体；区分"定指""不定指"的标准是说话人预料受话人是否能将 NP 的语境所指与其他同类对象区别开来；"实指""虚指"与指称对象在语境中是否真实存在有关；"通指"和"单指"分别表示指称类和个体。具体来说，其指称分类框架如图 1-1：

$$
\text{名词性短语}\begin{cases}\text{有指}\begin{cases}\text{定指}\\ \text{不定指}\begin{cases}\text{实指}\\ \text{虚指}\end{cases}\end{cases}\\ \text{无指}\end{cases}
$$

图 1-1

张伯江（1997）与陈平的基本观念相似，也是对实际话语中的指称进行了分类。但在某些分类上，他与陈平存在一些分歧。一是对无指成分的理解，张伯江对无指的概念解释更为具体，认为无指成分是指示属性的成分，并在陈平所提出的无指成分中添加了属性定语、动名组合中的部分名词性短语、主谓谓语句的小主语这三类，相对来说张伯江的分类更为纯净，界限也比较清晰。二是对"实指""虚指"在指称分类中的位置的理解。陈平将这两个概念划分在"不定指"的范畴内，而张伯江却将"定指"和"不定指"看作是实指的下位概念，并认为实指代表"语境中存在的实体"，虚指是"可能存在的实

体",其概念理解与陈平显然也有不同。这些方面的区别导致了张伯江对指称也有其特殊的分类模式,见图1-2:

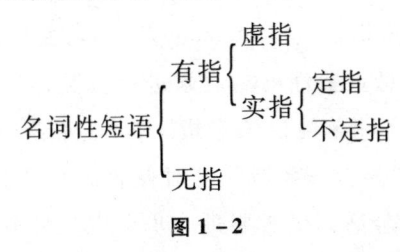

$$
名词性短语\begin{cases}有指\begin{cases}虚指\\实指\begin{cases}定指\\不定指\end{cases}\end{cases}\\无指\end{cases}
$$

图1-2

王红旗(2004)结合功能语法,在陈、张二人的基础上,引入了"指称"和"非指称"这对概念,从而对于之前的分类进行了修正。他认为,对于指称系统的分类首先应该先注重该名词性短语是否指称的是实体,指称实体的是指称成分,不指称实体的是非指称成分;指称成分可以进一步划分出有指成分、无指成分、定指成分、不定指成分等下位分类,而非指称成分主要是陈述性名词性短语。另外,在他的分类系统中,有指成分先是被分为"显指"和"隐指"两类,其判定标准在于看名词性短语所指对象是话语中的前景信息还是背景信息,而不定指与定指成分都属于显指成分。据此,王红旗文中的具体指称分类如图1-3:

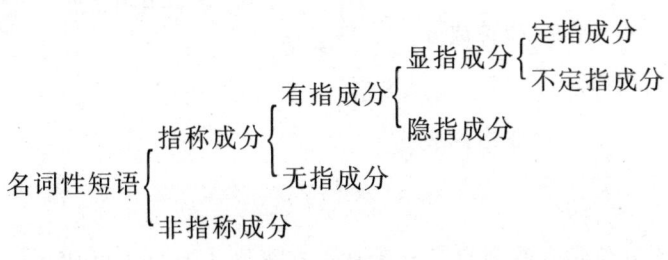

$$
名词性短语\begin{cases}指称成分\begin{cases}有指成分\begin{cases}显指成分\begin{cases}定指成分\\不定指成分\end{cases}\\隐指成分\end{cases}\\无指成分\end{cases}\\非指称成分\end{cases}
$$

图1-3

笔者认为,王红旗关于"指称""非指称"的观点相对前人来说,又有了新的进步,解决了无指成分性质不一,分类混淆的问题。遗憾的是,在他的非指称NP成分中,并未曾提到表数量的NP的情况,仅讨论了陈述性NP。另外,他将"定指—不定指"看作是"显指"的下位概念,似乎有所不妥。具体说来,从信息角度区分指称的"显"和"隐",与定指、不定指成分的划分并不是同一个角度。由于王文基本

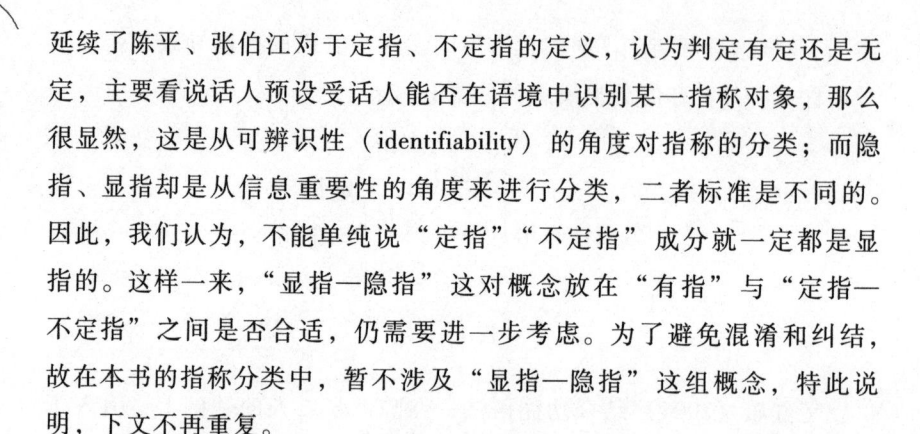

延续了陈平、张伯江对于定指、不定指的定义,认为判定有定还是无定,主要看说话人预设受话人能否在语境中识别某一指称对象,那么很显然,这是从可辨识性(identifiability)的角度对指称的分类;而隐指、显指却是从信息重要性的角度来进行分类,二者标准是不同的。因此,我们认为,不能单纯说"定指""不定指"成分就一定都是显指的。这样一来,"显指—隐指"这对概念放在"有指"与"定指—不定指"之间是否合适,仍需要进一步考虑。为了避免混淆和纠结,故在本书的指称分类中,暂不涉及"显指—隐指"这组概念,特此说明,下文不再重复。

另外,张谊生(2003)也对于汉语指称分类提出过自己的看法。他的观点结合了前面几位的看法,总体来说,与王红旗的观点比较接近,但在王红旗的基础之上,添加了"类指—非类指"的概念,这组概念可以说是陈平早期所区分的"通指—单指"的一种延续和更新。这组概念的引入使得实体指称的分类进一步细化。具体如图1-4:

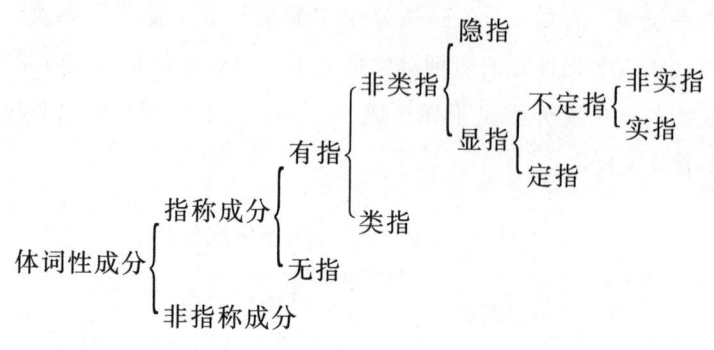

图 1-4

以上几位学者的观点各有千秋,本书则主要以王红旗、张谊生两人的观点作为参考,同时根据"一量名"的实际指称情况来分类,也会补充一些自身的观点。具体的情况,将在下文中详细讨论。

1.2.3 "一量名"的研究现状及存在的问题

"一量名"作为现代汉语中最为常见的一种表量结构,在表意和功能等各方面都具备其独特性和多样性,因此常常作为学者们讨论的对象。截至目前,语言学界对于"一量名"结构的研究比较丰富,约有硕士论文有8篇，期刊论文近30篇。另外，许多语法论著在讨论数量名、不定形式、指称等方面时，也经常涉及"一量名"结构。总体来说，前人对于"一量名"的研究大致分为以下几类：①对"一量名"短语内部构成的研究；②对"一量名"句法、语用、语义的研究；③对"一量名"指称的研究。

1.2.3.1 针对"一量名"短语内部构成的研究

这类研究考察的是"一量名"短语的内部构成及搭配规律，主要包括该结构中量词的分类、名词成分的分类，以及量词与名词之间的组配这三种情况。探讨"一量名"内部构成的研究者主要有薛秀娟（2006）、卢伟伟（2012）、贾丽晨（2013）、吴文婷（2010）等人。其中，薛秀娟（2006）主要是从量词分类的角度出发，分析了不同类型的量词与不同NP的搭配情况，并通过对"一量名"认知模式的解读，总结出该结构中名量搭配的规律；卢伟伟（2012）主要探讨了"一量+（的）名"结构中"的"字的隐现，以及其与该结构内部组配之间的关联，并从表"量"的角度进行了扩展研究；吴文婷（2010）着重讨论了"一量名"中量词和中心名词对于数词的选择性，并分析了其语用动因；贾丽晨（2013）则是研究了量词和NP的语义制约和语义格类型，考虑了该格式整体的语法功能，并对此作出了认知分析。

1.2.3.2 针对"一量名"的句法、语义、语用研究

学界对于"一量名"的主要研究集中在句法、语义、语用这三个方面，并且通常还会结合两个乃至三个方面的因素来研究。具体来说，李宇明（1998）、胡清国（2007）、曹秀玲（2005）、尹慧（2005）、蒋静忠（2008）、宗守云（2008）、周思佳（2011）、危艳丽（2013）、崔维真（2013）等人都作过与这三方面相关的研究。

从句法视角出发，学者们的研究主要是对于"一量名"所在否定句和主语句的语义、语用功能的探讨。一是对"一量名"否定句的研究。李宇明（1998）、胡清国（2004，2007）、崔维真（2013）都对"一量名"否定句式有过研究。李宇明提出"'一量名'+否定成分"

是一种句法上的强调手段，根据格式的不同，其强调层次有硬性和弱性之分；胡清国则主要从"一量名"所处否定格式语序的情况来分析，提出语序的排列受到凸显度、韵律、主观性等多重因素的影响，并谈及了这类句法格式的语法化过程；崔维真则是讨论了"一量名"否定式的非对称现象及成因。二是对"一量名"主语句的研究。主要以曹秀玲（2005）、周思佳（2011）的研究成果较为系统，其中周文较为侧重对于"一量名"主语句中各类成分的语义允准条件的研究，而曹文在分类"一量名"语义的基础上，对该主语句的类型和语用价值也做了详尽的分析。三是对于介词"把"所介引"一量名"的语义情况的研究，例如沈家煊（2002）、李曙光（2006）等。

从语义、语用视角出发的研究主要是蒋静忠（2008）和危艳丽（2013）。蒋文主要分析了"都"对于"一量名"的语义后指及制约规则，并从量化角度分析其原因；危文则是分析了作为主观大量的"一量名"所具备的语义特点。

除此之外，学者们还有从对比的角度来研究"一量名"的情况，例如，宗守云（2008）讨论了其与"X量名"的比较，尹慧（2005）比较了汉语和英语中的"一量名"构式的特征和异同。

1.2.3.3 针对"一量名"指称的研究

对于"一量名"的指称问题，学界目前主要是针对"一量名"的单项指称功能的研究，其中讨论最多的是无定"一量名"的情况，也有学者在讨论数量名、数量结构、类指成分的指称问题时，涉及了"一量名"的指称，目前来说，没有看到比较系统的对"一量名"的指称情况进行研究的文章。具体来说，已有的研究可以分三类：①对不定指"一量名"的研究；②对类指"一量名"的研究；③对数量型"一量名"的研究。

对不定指"一量名"的研究主要集中于对不定指"一量名"主语句的研究之上，具体例如刘安春（2003）、曹秀玲（2005）、魏红、储泽祥（2007）、周思佳（2011）、唐彧（2011）等人的研究。曹秀玲（2005）、周思佳（2011）、唐彧（2011）三人的研究虽涉及指称，但总的来说比较集中于对"一量名"主语句中各类组成成分的句法、语义的静态描写,其中曹文虽提到了"一量名"主语句具有转换话题、引入新事物等语用功能,但仍将该类指称看做是语义范畴,没有过多从话语角度去分析其功能。刘安春(2003)考虑了"'一个'+NP"主语句在语篇中出现的环境和时间参照成分的功能,并探讨了这类句型与"有"字句的对比,虽有一定的参考价值,但没有深入地探究这种现象的话语功能。魏红、储泽祥(2007)的研究主要是针对无定NP主语句这一类句型进行研究,将其分为现实性和非现实性的主语句,分别探讨其功用,并借此解释了汉语中"有定居后""无定居首"的情况,其中也涉及了"一量名"的指称情况,可以作为分类的一项参考。

关于类指"一量名"的研究也不在少数,较为显著的成果是由刘丹主要青(2002)提出的,他指出"一量名"表示类指从根源上来看属于转喻,是用个体来转指类,并且指出这种无定类指形式具有话题功能。刘安春(2003)进一步补充认为,这种类指"一量名"做话题时,该句往往是表达说话人主观情感的非现实句。许剑宇(2011)将研究范围限定于新闻标题这种特殊的语体之中,讨论了类指"一量名"作为主语时特殊的语义和语用功能。其余的研究还有白鸽(2014)、李广瑜、陈一(2016),白鸽主要讨论了同位短语在省略前件的情况下,"一量名"在表层结构上体现出来的兼有类指和定指的功能;李、陈二人主要就同位短语中的"一量名"进行了分析,在白鸽的基础上,证明了同位短语中的"一量名"并非类指而是示例性单指。

李艳惠、陆丙甫(2002)还讨论过数量型"一量名"的表量功能,认为这类"一量名"在句中做主语时成立的条件是作为提示数量的成分存在,并分析了其与不定指时的区别。后来对数量型"一量名"的研究基本借助这一观点,这里就不再多述。

1.2.3.4 "一量名"指称研究存在的问题

尽管针对"一量名"结构的研究取得了一些成果,但是仍存在一些问题:

（一）缺乏关于"一量名"指称情况的系统性研究

目前来说，大多数学者对"一量名"指称情况的研究仅仅局限于它的某一项指称功能，还不曾出现对"一量名"的整个指称系统进行描写、分析的文章，使得研究过于单一，缺乏整合性和系统性；并且，前人对"一量名"指称的类型介绍的也并不全面，比如很少有研究者提到陈述性的"一量名"。不仅如此，对于"一量名"的指称研究仅仅局限于个别"点"上的研究，一种情况是仅仅包含语义、语用等某一方面的研究，很少从多个角度去深入分析"一量名"指称；另一种情况是仅仅研究某个特定构式中的"一量名"指称情况（如主语句、把字结构等）；这些都使得"一量名"指称研究缺乏系统性的成果。

（二）缺乏关于"一量名"指称情况的话语性研究

"一量名"的指称情况不仅仅反映在句子语法中，更多地是反映在具体的话语或语篇中。尤其是具有指称功能的"一量名"很可能在语段或语篇中担任局部甚至全局话题，对整个话语或语篇都有一定影响。而当前研究却多数局限于小句中的"一量名"指称情况，而割裂了其与语境的联系。我们认为，话语语境会影响到"一量名"的指称情况，不同指称类型的"一量名"在话语中也会呈现出各自不同的功能。因此，结合具体话语（或语篇）来研究"一量名"的指称情况，是十分必要的。

（三）缺乏关于"一量名"指称情况的层级性研究

由于对"一量名"指称情况的研究往往局限于单个层面，如语义、句法、语用等，因此很少有人考虑"一量名"指称情况在这三个方面的总体特征及其相关性。而且，大多数研究都是从句法分类出发，来探讨其语义、语用功能，是一种自下而上的模式；而从话语的角度看，我们更应该注重交际功能、话语意图对于不同指称类型的"一量名"的构建和使用所产生的影响，从而更好地解释其语义和句法特征，实现"自上而下"的层级性模式研究。

1.2.4 "一量名"的指称情况及本书研究范围

在具体话语中，"一量名"的指称情况是十分丰富的。在本小节中,将简要介绍"一量名"的总体指称情况,并说明本书要研究的具体对象范围。总的来说,"一量名"既有指称用法,也有非指称用法。"一量名"的指称用法主要分四种:表不定指、表定指、表类指、表无指;非指称用法主要分两种:描述属性和表示数量。

1.2.4.1 "一量名"的指称用法概述

本书对于"指称""非指称"的分类标准,主要参考 Lyons(1977)、王红旗(2004)的看法,即在具体话语和特定语境中,用于指称实体的 NP 属于"指称"的范畴,不用于指称实体的 NP 属于"非指称"的范畴;而在"指称"的下位分类中,又存在"有指—无指""类指—非类指""定指—不定指"这三组概念的区分。按照这一标准,表不定指、定指、类指、无指的"一量名"都属于"指称"的范畴。

首先,"一量名"既可以表示有指,也可以表示无指。张谊生(2003)、王红旗(2004)认为,在 NP 属于指称范畴的前提下,若 NP 用于指称语境中的实体,则是表有指;若 NP 用于指称可能存在的实体,则是表无指。我们赞同这一观点,并通过考察发现"一量名"既可表有指也可表无指,如:a. 我家门前有一条公路。b. 他们打算修一条公路。a 例中的"一条公路"是语境中真实存在的,表有指;b 例中的"一条公路"目前只存在于说话人的认知中,是将来可能存在的实体,表无指。

其次,"一量名"既可以表示类指,也可以表示非类指。根据张谊生(2003)的观点,有指还可以进一步分为"类指"和"非类指"。类指也称 kind-denoting 或 generic,表示 NP 不指称具体的个体,而指称某一类事物;非类指与之相对,表示 NP 指称个体而非类(刘丹青,2002)。通过语料考察,我们发现"一量名"既可以指称类,也可以指称个体,例如:a. 一个警察在追一个小偷。b. 一个警察应当有良好的身体素质。a、b 例虽然都包含"一个警察",但 a 例指的是具体的个体对象,属于非类指;而 b 例指称的是"警察"这一类对象,属于类指。

再次,"一量名"既可以表示定指,也可以表示不定指。我们在这里仍然沿用张谊生(2003)的分类,认为"非类指"可以进一步分为

"定指"和"不定指"❶。在具体语境中，说话人预料受话人能够识别 NP 的指称对象，将之与其他同类实体区分开来，则 NP 表示定指；反之，则表示不定指。就"一量名"而言，不定指是最主要的指称用法，但也存在一些表定指的情况。具体例如：a. <u>一个警察</u>在追一个小偷。b. 我在这里认识了<u>一个警察</u>——张明。a 例中的"一个警察"是说话人预料受话人不能识别的不确定对象，因此是不定指的。b 例中的"一个警察"就是指"张明"，是说话人预料受话人能在语境中识别的对象，因此是定指的。

据此，"一量名"的指称用法包括表示无指、类指、不定指、定指四种情况，我们可以将之分别记为无指"一量名"、类指"一量名"、不定指"一量名"和定指"一量名"。

1.2.4.2 "一量名"的非指称用法概述

王红旗（2004）曾经提到过 NP 用于非指称时的下位分类。他的说法是，非指称 NP 主要包括两类，一是表示名称的 NP，例如专有名词的人名或地名（"这座山叫<u>凌云峰</u>"）、表名称的称谓语（"他的绰号是'<u>老古董</u>'"）；二是描述属性的光杆名词、"数量名"等。

根据王红旗的分类，"一量名"就有用于描述实体属性的非指称用法，比如"他是一个医生"中的"一个医生"，是用来描述"他"的属性，不指称实体。但除此之外，"一量名"还可以用于表示实体的数量，也属于非指称用法，例如："<u>一个人</u>能吃三碗饭"。在这个数量配比句中，"一个人"就是用来表示数量而非指称实体，可以看做是非指称成分。

因此，"一量名"的非指称用法包括描述属性和表示数量两种情况，我们可以将之分别记为陈述性"一量名"和数量型"一量名"。

1.2.4.3 "一量名"的总体指称情况及本书研究的范围

综上所述，我们可以将"一量名"总体指称情况总结如图 1-5：

---

❶ 本书去掉了"显指—隐指"的分类，具体原因在 1.2.1.3 中已标明。

```
                    ┌ 有指 ┌ 类指（类指"一量名"）
         ┌ 指称用法 ┤      │ 非类指 ┌ 定指（定指"一量名"）
"一量名" ┤          │      └        └ 不定指（不定指"一量名"）
         │          └ 无指（无指"一量名"）
         └ 非指称用法 ┌ 表示属性（陈述性"一量名"）
                     └ 表示数量（数量型"一量名"）
```

图 1-5

在本书中，主要将不定指、定指、类指、陈述性、数量型的"一量名"纳入研究范围。之所以暂时没有研究无指"一量名"的情况，原因有二：其一，在我们考察的语料中，无指"一量名"的例子相对较少，不利于研究；其二，无指"一量名"在分类上存在一些纠结之处。王红旗（2006）指出，有的"一量名"仅能表无指，如"他想写一篇文章"；有的"一量名"既可以无指又可有指，具体要看语境，如"他想买一辆汽车，（你帮他挑挑/是雪佛兰的）"。但有的学者（张慧2011，熊岭2012等）又认为后一种情况的"一量名"也都是有指的。基于上述原因，本书暂时不考察无指"一量名"，仅研究上面提到的"一量名"的五种基本指称情况。

1.3 理论意义及应用价值

本书的理论意义和应用价值主要在以下几个方面：

其一，本书为"一量名"为代表的 NP 指称研究，提供了一种全新的研究模式，即针对具体话语中的 NP 指称情况，从功能话语语法的人际、表征、句法三个层面进行全面、系统的功能性考察。功能话语语法提供了一种自上而下的分层模式，在每个层面以不同的框架（如：人际层的内容框架、表征层的 SoA 框架）为出发点考察语法现象，同时又注重层面之间的关联，尤其是句法上的排列与人际、语义表征之间的关系。这种分层研究模式已被许多国外学者用于 NP 的研究，如 Daniel Garcia Velasco & Jan Rijkhoff（2008）主编的 *The Noun Phrase in*

Functional Discourse Grammar[1] 一书中，就汇集了 Hengeveld、Keizer、J. Connonlly、Rijkhoff 等 10 余位学者针对 NP 的研究。在前人的研究成果中，我们也发现，FDG 中的很多概念，如人际层面的指称性、归属性子行为，表征层面的语义实体，都与汉语中 NP 的指称有着千丝万缕的联系，同样适用于汉语语法。但遗憾的是，汉语中还仍未有学者进行这方面的研究。故此，我们认为，本书的研究可以为 NP 的指称研究提供一种新的视角，拓宽汉语指称研究的领域。

其二，本书也为"一量名"指称研究提供了新的事例，填补了以往研究中所归纳的"一量名"指称系统中的部分空白。功能话语语法注重语境和功能的作用，强调语言单位的用法应该放在具体语境中去探讨，被看做是一种话语功能。根据这一点，我们从话语和功能的角度，对"一量名"的几项指称情况提出了新的判定标准，从而发掘出"一量名"的某些新的指称情况，对原有的"一量名"指称系统作了补充。例如，以往许多学者认为"一量名"是典型的不定形式，不具有定指用法。但通过我们的考察，当"一量名"所处的语境中，出现了与之相关的定位成分时，"一量名"是可以用于表定指的。最简单的例子如："他发现了一种新的植物——仙人掌。"这里的"一种新的植物"就是指"仙人掌"，在当前语境中可以辨识，为定指成分。虽然这种定指用法有一定的使用限制，但仍为"一量名"指称研究增加了新的研究事例，进一步完善了其指称系统。

其三，本书的研究为语言的运用和教学做出了一定的贡献。"一量名"是汉语中常用的名词性短语，也是典型的数量表达，在日常会话中具有使用频率高、适用范围广的特点。该如何恰当地用"一量名"进行话语表达，以及在汉语教学中纠正学生的偏误，都离不开对这一结构的正确理解。具体来说，比如在表示类指时，有时候用"一量名"比较合适，有时候用光杆 NP 比较合适，那么二者完全可以替换吗？又如"代词/NP + 一量名"这个同位短语中，前件"代词/NP"与后件

---

[1] 中文可译为《功能话语语法中的名词性短语》，由柏林/纽约的 Mouton de Gruyter 出版社在 2008 年出版。目前未发现中译本。

"一量名"之间允许句法停顿,但这种停顿有时候可以省略,有时候却不行。例如:"爬山虎,<u>一种藤本植物</u>,生长于阴湿的环境中。"这里就不能直接用"爬山虎一种藤本植物"而省略句法停顿。那么,这种情况又该如何解释呢?其实这些现象都与"一量名"的指称情况有关,在本书中也会具体讨论到。由此可见,我们对"一量名"指称情况作专题性的研究,能够更好地为汉语的学习和应用提供帮助。

1.4 理论依据与研究方法

1.4.1 本书理论依据

全书基于"功能话语语法(Functional Discourse Grammar,FDG)"的理论框架,采用人际、表征、句法相结合的多层面研究模式,并结合功能语法、"前景—背景"信息论、立场原则等理论来进行研究。

1.4.2 本书的主要研究方法

一是注重多层面、多视角的研究。本书首先从指称的视角,对于"一量名"的各项指称情况一一进行了归纳分析,并提出了适合本书研究的指称判定、分类标准。然后从功能话语语法的视角,在人际、表征、句法三个层面对不同指称情况的"一量名"在话语中的各项功能进行了考察,细致分析了其语用、语义、句法特征,体现了一种多层面和多视角研究的结合。

二是横向考察与纵向分析相结合。既从多个相对独立的层面进行考察,又重视各层面之间的关系,即人际功能、语义表征与句法排列的相互验证。并且,在研究过程中,充分考虑到了交际意图在三个层面中的贯穿作用,将"一量名"所反映的言者意图、人际功能与其在句法、表征上的相关现象联系起来,加强了整体研究的逻辑性。

三是描写与解释相结合。对于语言现象的研究不仅仅需要对其进行细致深刻的描写，还需要尽可能地对其作出科学、合理的解释。因此，我们一方面对于指称性和非指称性的"一量名"在话语中的人际功能、语义表征、句法排列进行了详尽的描写，同时还着力于从意图、认知、立场等多个角度，去诠释其中的动因。

1.5 语料来源及符号说明

1.5.1 语料来源

本书的语料来源包括：

（一）平衡语料库：北京大学中国语言学研究中心（Center for Chinese Linguistics，CCL）语料库；华中师范大学语言教育研究中心当代小说语料库；

（二）自行搜集的特定语料包括：①解说词类说明语料：《舌尖上的中国》《大明宫》《话说长江》全集转写；②科普文章类说明语料：选自中国科普博览网。③故事类叙事语料：《故事会》2011—2014年。④新闻类叙事语料来自人民网、搜狐新闻等网络媒体。⑤小说、戏剧类叙事语料部分来自张爱玲、莫言、钱钟书、池莉、老舍等多位作家的作品，在书中均有注明出处。

（三）其余部分语料来自笔者内省，以及转引他人文中的语例。

1.5.2 符号说明

（一）功能话语语法相关术语、符号及其具体定义，将在第二章中详细说明。

（二）其他符号

NP 表示名词性短语　　VP 表示动词性短语　　AP 表示形容词性短语

* 表示不成立的例句　？表示意味不明或接受度不高的例句

"＿＿＿"（下划线）表示例句中的"一量名"

第二章　本书依据的功能话语语法的三个层面

2.1 功能话语语法的来源和特点

2.1.1 功能话语语法的来源

功能话语语法（Functional Discourse Grammar，以下简称 FDG）可以被看成是典型功能语法（FG）的一个自然衍生模式。Dik（1997）曾经提出过，功能语法的目标是：提供途径和原则，并使用它们建立起某一特定语言的功能语法体系。功能语法针对某种特定语言的最高目标是，针对该语言中，话语或语言片段里的语法结构，给出一个完整且充分的解释。他认为，要做到这一点，功能语法就应当要服从充分性（adequacy）标准。然而，Dik（1989）对于充分性的解释与乔姆斯基的转换生成语法有所不同，尤其是在"解释上的充分性（explanatory adequacy）"方面，他引进了三条充分性标准：语用的、心理的、类型的充分性。这三项标准在后期的功能语法研究中被许多学者所接受，如 Van Valin、Lapolla（1996）等人，这点我们将会在正文的文献综述中提及，此处不多述。而显而易见的是，在功能语法的研究中，大量著作都覆盖了不同分支的多语言中的语言现象，这也就是说，FG 模式中的普遍研究框架都满足了类型上的充分性，然而 FG "关于语用和心理认知方面的解释却不是那么充分"（Butler，1991；1999），这就促成了功能话语语法的产生。

2.1.2 功能话语语法的主要特点

功能话语语法作为功能语法的延续，一方面继承和保留了功能语法的基本概念，但另一方面，FDG 为了更好地满足语用和心理上的充分性，重新构建了 Dik 的提出的原始模式，主要来说，我们可以从三个方面来看 FDG 的主要特征，并比较其与传统 FG 的不同之处。

2.1.2.1　FDG 强调篇章语法而非句子语法

目前而言，虽然许多功能语法学者都尝试多关注篇章现象，然而功能语法主要还是集中于分析单个、孤立的句子的内部构成。Dik（1978）就曾说过，"功能语法意味着覆盖语言表达的任何类型……因此它不仅仅局限于句子的内部构成，因为有许多句子的组合涉及句法和语义规则……然而，在实践中，我们大部分时候只会关注句子的内部结构。"

相比之下，功能话语语法并不单个、孤立地看待语言中的话语，而是结合认知、篇章、交际等要素来对话语进行分析（Evelien Keizer, 2015）。这一点集中体现在 FDG 以话语行为（Discourse Act）作为基本的分析单位，而不是 FG 中的小句（clause）。具体来说，大量语法现象涉及和从句差不多大小的语法单位（Hengeveld, 2004），很多时候并非以成分完整的句子形式出现，而是往往以片段形式，或者非从句性语言单位。因此，使用小句作为基本分析单位，有一定的局限性。比如，呼格就是典型的非句类，而只要语境允许，单个词（word）或短语（phrase）也有其交际功能。例如：a. Mary! b. A pen. 例 a 中，这一呼格在对话中就可以起到开启口头会话的作用，而 b 中的 a pen 很可能作为会话的自然答语出现。而 FDG 引入"话语行为"这一分析单位，指出话语行为既可以体现为小句，也可以体现为比小句更小的句段、词语等，只要是放在具体语境中，都可以被处理。话语行为不能离开语境来分析，应当考虑其在实际话语或篇章中的功能。这就做到了不再拘泥于句子语法，而是上升到篇章语法的层面。

2.1.2.2　FDG 建立了一个自上而下的研究模式

功能话语语法与功能语法不同，是一个自上而下的模式。在 FDG

的模式中，语言表达的生成过程被认定为始于说话人的交际意图（Communicative Intention），而该意图则最终导致一小段信息的语法编码，以及它最终的发音或执行（"从意图到执行"）。这就牵涉一个从构建（Formulation）到编码（Encoding），最后再输出的过程。该理论首先是由 Levelt（1989）从心理学角度提出的，他认为，在语言表达过程中，先通过"构建"，将语前概念结构（Preverbal Conceptual Structure）在脑海中译成语言结构，然后进行"编码"，最后通过生理器官的发音（Articulation）来完成表述。

在 Hengeveld（2008）等人的理论中，FDG 可以被视为与言语交际相关的一个语法成分。在言语交际（Verbal Communication）的整体模型中，语法成分与概念成分、语境成分及输出成分进行系统性的相互作用，最后产生的结果即是语言结构。其中，概念成分（Conceptual Component）包含了与语言分析相关的语前概念信息（Prelinguistic Conceptual Information），与语言的心理构建过程有关，被视为是语法成分背后的推动力；语境成分（Contextual Component）则含有关于即时话语语境的非语言信息，这种非语言信息会影响语言话语的形成，与整个语言组织的过程有关；输出成分（Output Component）将语法成分的输出转化为声学输出、拼写（Orthographic）输出或符号输出，主要是与语言的执行（Articulation）有关。

从 FDG 层面来看，"构建—编码"里，语用学（Pragmatics）和语义学（Semantics）的概念属于构建，而形态句法学（Morphosyntax）和音系学（Phonology）的概念属于编码，其中的关系说明如下："语用支配语义，语用与语义支配形态句法，语用、语义与形态句法支配音系。（Hengeveld & Mackenzie, 2008）"而在这个过程中，概念、语境、输出三个要素又是互相作用，最终实现一个从"意图（intention）"到"执行（articulation）"的流程。

显然，这与传统的功能语法自下而上的模式，是截然不同的。功能话语语法的这种自上而下的结构，是它与前文提到的心理充分性（Psychological Adequacy）标准相关联的体现。

2.1.2.3　FDG 具有相对独立的四个层面

与传统功能语法的层次（layers）不同，功能话语语法在语法成分中安置了四个层面（levels）的表达：表征层面、人际层面、形态句法层面与音系层面。如 Anstey（2004）所说，这些层面与上文提及的语言学研究的主要分支有明确的相关性，即：

语用学→人际层面

语义学→表征层面

形态句法学→形态句法层面

音系学→音系层面

与功能语法不同，这四种表征层面是独立构建的，分别用于处理语言表达的各个方面。人际层面（Interpersonal Level，简称 IL 层）处理的是"在说话人和受话人双方的交际过程中，影响语言单位实现其人际功能的各方面要素（Hengeveld & Mackenzie 2008）"。表征层面（Representational Level，简称 RL 层）处理的是"与语言单位的语义表征有关的各个方面"，并将用语义内容（semantic content）对从人际层面接收的输入（input）进行填充，从而起到补充人际层面的信息的作用（Hengeveld，2008；Keizer，2015）。形态句法层面（The Morphosyntactic Level，简称 ML 层）处理的是一个语言单位的线性特征（linear properties），包括语言表达、小句、短语、复合词等句法单位的内部结构及其排列（alignment）的特征。音系层面（Phonological Level，简称 PL 层）将接收自三个更高层面（人际、表征、形态句法）的输入，进一步转换成发音（articulation）。由于本书主要研究的是"一量名"指称在人际、表征、句法这三个层面的情况，不考虑其在语音方面的因素，因此在下节中，将主要介绍 FDG 中的人际、表征、形态句法这三个层面，并提出其各自的组成框架。

另外，这四个层面虽然是彼此独立的，但它们之间仍然存在一些映射，尤其是语言单位在人际层面的交际意图和人际功能，往往会对其语义表征的选择，以及句法上的排列，有着各种各样的影响。

2.2 人际层面

2.2.1 人际层面的特点及层级构成

人际层面是功能话语语法（FDG）的四个层面的最高层，它以话语行为（Discourse Act）作为基本分析单位，说话人在语言表达的过程中，对一系列的话语行为的组织和安排，是人际层面关注的重点。人际层面强调，语言的建构并不是随意的，它始于交际意图，与言者的交际策略、以及交际的内在属性有着很大的关系。从内部构成来看，人际层面由 8 个层级（layers）构成，即：话步（Move）、话语行为（Discourse Act）、以言行事/示意（Illocution）、说话人（Speaker）、受话人（Addressee）、交际内容（Communicated Content）、归属性子行为（Ascriptive Subact）、指称性子行为（Referential Subact）。每个层次都代表着某个特定的言语单位（或言语行为），分别可以用变量（Variable）标示为 M、A、F、P_S、P_A、C、T、R。

2.2.1.1 交际意图、交际策略及交际功能

交际意图（Communicative Intention）指的是在交际过程中，每个参与者都带有一定的目的性和意愿性。有时候，这些交际意图和目的很明显，如"一次面试"；有时也可能只是为了维持社会关系，并无明确目标，比如一些应酬性、寒暄性的谈话。交际意图对于说话人的言语行为具有指导作用，话语参与者之间的一切交际始于交际意图。交际意图在 FDG 中属于概念成分（Conceptual Component）的一部分，它可以激活语法成分，而语法成分又可以反过来将这种交际意图转换为一种或多种语言表达，从而维持会话的进行。

交际策略（Communicative Strategy）是指说话人在交际过程中，为了实现一定的交际意图，说话人会积极调动自己的认知，根据自己的知识背景和语用、语法能力，有策略地去组织语言形式，从而将信息以话语行为的方式传递给受话人；同时，这些交际策略也会考虑到受

话人的知识背景和理解能力，并也有可能根据其作出的反应及时改变策略，进行表达上的调整。

交际的内在属性（Properties of Interations）主要可以被归入两方面：一是修辞上的功能（Rhetorical Function），二是语用上的功能（Pragmatic Function）；修辞功能主要关注话语单位（即话步、话语行为等）排序方式及其内部关系，例如：Football, I don't like it. 这是一个话步（Move），包含了两个话语行为（Discouse Act），A_1 为 Football，A_2 为 I don't like it，这时 A_1 是一个核心性话语行为，A_2 是一个从属性话语行为，A_2 依附于 A_1，并对 A_1 起到定位（Orientation）作用，说话人的意图在于使用 A_2 介绍自己对于 A_1 的看法。语用功能是单个话语单位（如话语行为、子行为）在语境中所体现出来的人际功能，这些功能会影响说话人对语言形式的选择，也会反映出说话人的特定交际意图，因此，我们也可以将之称为话语单位的人际功能。

2.2.1.2 人际层面中的层级

前文已经提到了人际层面中的层级组成，下面我们将对这 8 个层级分别作出介绍。

话步是与语法分析相关的最大交际单位，说话人用它来开启互动，以此促使受话人或言者自身对之作出一定的反应（Hengeveld & Mackenzie, 2008：50）。一个话步中包含若干个话语行为，话语行为之间存在平等（Equipollence）或依附（Dependence）的关系。前者表示两个话语行为地位平等，有各自的语调升降（Intonation Contour），彼此独立不受影响，例如：Celtic won. And Rangers lost。后者表示话语行为之间的地位不平等，存在核心性（Nuclear）和从属性（Subsidiary）的话语行为，从修辞的角度来看，从属性话语行为可能具有动因（motivation）、让步（Concession）、定位（Orientation）、纠错（Correction）、旁白（Aside）等功能（Hengeveld & Mackenzie, 2008：53）。

话语行为是"交际行为中最小的可以辨识的单位"（Kroon, 1995）。根据其功能，可以划分为实义型交际话语行为（Contentive Communicative Discourse Acts）、寒暄型交际话语行为（Phatic Communicative Discourse Acts）和传情型话语行为（Expressive Discourse Acts）。实义型交际话语行为是说话人用来与受话人沟通某些内容的话语行为；寒暄性交际话语行为仅用于寒暄、交流感情，不传递新信息；传情型话语行为用于表达情感，通常以感叹语的形式出现，不含交际内容。本书所探讨的情况基本都是实义型交际话语行为，包含以言行事、话语参与者（说话人和受话人）、交际内容这三个组成成分。

以言行事，是指在一种语言中，会有一些约定俗成的表达形式的途径，这些途径主要用于暗示说话人的交际意图。说话人的交际意图可能是引起注意、发表声明、发号施令、提出请求等，这些意图会投射（map）到以言行事上，借此表现出来。以言行事分为施为性和抽象性的以言行事，前者通过在话语行为中加入施为动词（如英语中的"promise""confirm"），直截了当地体现说话人的交际意图；后者是一种隐性的施为（Implicit Performatives），体现在语气和语句类型上，例如汉语中的疑问式、陈述式等。

话语参与者包括说话人和受话人，代表着话语行为中互动的两个角色。

交际内容包含着说话人在其交际中想要激发（Evoke）的所有内容，是话语行为的主要组成部分。一般来说，每个交际内容都包含着一个或者多个子行为（Subacts），当一个子行为用来激发某个属性时，为归属性子行为（Ascriptive Subact）；用来激发某个实体时，为指称性子行为（Referential Subact）。交际内容中的子行为都拥有语用功能，即焦点、话题、对比等，一个话语行为的交际内容就是按照这些语用功能的组合进行规划的。在下一小节中，将对人际层面的内容框架进行分类，并将之作为人际分析的主要框架。

2.2.2　人际层面内容框架的类型

上文已经提到，一个话语行为的交际内容中包括两个组成部分：指称性子行为和归属性子行为。作为交际内容（Communicated Content）的中心成分，子行为承担着话语参与者在交际中所希望传达的内容。子行为都有其各自的语用功能（Pragmatic Functions），通过这些语用功能的组合，整个交际内容才会得以构建（Formulate）。在 FG 中这种组合模式往往被称为"信息模式（Message mode）"（Hanny, 1991）或者"语用表达（Pragmatic Articulation）"，而 Hengeveld 则将之称为"内容框架（Content Frames）"。

　　FDG 认为，人际层面中，语用功能被分配到交际内容中的各个子行为之上，这些功能影响着语言单位（即子行为）的交际状态，根据进行中的话语（Ongoing Discourse）里的突显性（Saliency）和相关性（Relevance）等要素，可以从三个角度区分子行为的语用功能：

　　1. 焦点（vs. 背景）：焦点功能被分配到代表着新（new）信息或者突显（salient）信息的子行为上，主要有两种交际功能，一是在受话人的知识背景中填补漏洞、增加新信息，即新信息型焦点（New Foc），二是对受话人的知识进行修正，即修正型焦点（Cor Foc）。

　　2. 话题（vs. 述题）：话题功能被分配到负责如何将交际内容与语境成分连接起来的子行为之上。简单来说，就是交际内容需要集中讨论的部分/子行为。担任话题的子行为往往是已知（given）信息，或者是可以从语境要素中推知的信息。述题就是围绕话题展开的论述。

　　3. 对比（vs. 重叠）：对比功能用来标示说话人的这样一种意图：阐明两个或者多个交际内容之间确切不同之处，或者是阐明一个交际内容与其他语境中获取的信息之间的不同。

　　Hengeveld（2008）、Keizer（2015）指出，这些语用功能之间并不是一种互补的关系，而是从信息结构域（domain of information structure）的不同层面来分的，也就是说，交际内容中的成分，也有可能同时承担话题和焦点的功能，或者同时承担话题和对比的功能等。为了解决这种情况，能同时从多方面来分析具体话语的功能，许明（2014）提出将交际内容分为话题（topic）和述题（comment）两个层面，将焦点（focus）看作是一个作用词（operator），以解决话题与焦点为同一个子行为或语言单位的情况。我们认为对比也可以同样引为作用成分，以讨论"话题—述题"为两个层级，"焦点""对比"为作用成分，来分析整个交际内容的内容框架（Content Frames）以及"一量名"在话语中的交际功能。

从话题和述题的层级来看，我们可以把构成话步的话语行为分为两种：一般性话语行为（Thetic Act）和话题性话语行为（Categorical Act）。这一分法由 Cornish（2004）提出，一般性话语行为是指在不需识别信息关联的情况下，假定一个新信息（许明，2014）。该类话语行为提供的是全新的信息，其中所包含的所有要素在当前语境中都没有涉及。一般性话语行为只包括述题或者话题。话题性话语行为是指针对于某个已提及的名称，在其语用知识中，提供和添加新的信息（许明，2014），话题性话语行为包含述题和话题两个部分。

将焦点作用词考虑在内，Smit（2010）从述题和话题角度提出了 5 种基本的内容框架：话题为焦点的一般性框架（Topic-central Thetic）、述题为焦点的一般性框架（Comment-central Thetic）、话题为焦点的话题性框架（Topic-central Categorical）、述题为焦点的话题性框架（Comment-central Categorical）、辨识性焦点框架（Identificational Focus）。在之后的章节中，本书将以这五种内容框架作为人际层面分析的主要框架，来研究具有不同人际功能的"一量名"，在不同内容框架中的交际意图及交际策略。

2.3 表征层面

2.3.1 表征层面的特点及层级构成

表征层面是功能话语语法（FDG）的四个层面的第二层，它以事件状态（State of Affairs）作为基本分析单位，更多地反映了语言作为语义表征系统的使用，而不像在人际层面那样，作为一个社交系统。FDG 中，表征层面最大的特点就在于它对语义类型和语义实体进行了重新分类，并由此构建了该层面的内部层级（Layers）。

2.3.1.1 表征层面的语义及实体类型

由于表征层面反映的是实体在非言语世界中的外延意义，因此我们可以建立非言语世界的实体类型（ontological categories）在言语世界的语义映射，由此得来的语义类型（Semantic Categories）就构成了表征层面的基本语义单位。表征层面的基本语义类型有：个体（Individual）、事件状态（State of Affairs）、命题内容（Propositional Content）、属性（Property），分别对应一阶实体、二阶实体、三阶实体、零阶实体。除去四大语义类型之外，还有两个小类：位置和时间（Location and Times），分别对应地点实体和时间实体。

个体（Individual），以变量 x 表示，被 Lyons（1977：442）定义为"一阶实体"。个体是最为直接的实体类型，因为他们是具体的，可以被看到和触摸到的，并且处于一定的时空之中，可以从其自身存在来评估，表人实体、表动物、植物的实体、表无生事物的实体，都属于这一类型，如"一个老人""一种哺乳动物""一棵树"等。

事件状态（States of Affairs）（简称 SoAs，以变量 e 表示）是二阶实体，用来表示发生在一定时间和地点中的事件，例如"一场火灾""一次会议"等。二阶实体也存在于一定的时空中，可以根据其真实性（reality）来进行评估，一个事件状态既可以是真实的，也可以是非真实的。

命题内容（Propositional Content）是三阶实体，由变量 p 表示。它们是不存在于时空中的心理构建（Mental Constructs），是人们在心理上对事物的看法、观点，例如"一种想法"；也可能是人们在将自身知识背景具体化之后的信息，例如"一条新闻""一则消息"等。三阶实体可以从其是否真值（truth）来评估，如"一则消息"这个命题内容就是非真则假的。

属性（Property），代表的是零阶实体，不具有独立的存在形式，但可以通过其自身的适用性（Applicability）进行评价。例如颜色、大小、职业等都属于表属性的零阶实体。

另外，FDG 补充了两种其他的实体，即表时间的时间实体，如"一个上午"；还有表地点的地点实体，如"一家温泉会所"。

在下文的各章节中，我们将会根据不同指称类型的"一量名"，来详细介绍其表征的具体语义实体类型，并探讨其语义表征特点。

2.3.1.2 表征层面中的层级

在表征层面，语义单位既可以用来表述实体，也可以组成表征层的下位层级（Layers）。表征层面也主要由八个层级组成，每个层级都代表着一个特定的表征单位，它们分别为：命题内容（Propositional Content）、情节（Episode）、事件状态（States of Affairs）、属性（Property）、个体（Individual）、地点和时间（Location and Times）。这里我们需要把语义实体概念和层级概念区别开来，层级是自上而下的，但一个层级里面又可能包含多种语义实体单位，例如：事件状态层是命题内容层的组成层级，但我们在分析一个具体事件状态时，这个 SoA 中也可能包含三阶实体，而其语义上对应的是命题内容，前者是层级角度，后者是语义实体角度，这是不冲突的。

在几个层级中，命题内容是表征层面的最高层级，一般来说整个话语内容都可以被看成是一个命题，该命题内容又通常由多个情节组成。情节是表征层面的第二层级，被定义为由多个具有时间（Time，变量 t）、位置（Location，变量 l）和个体（Individual，变量 x）的事件状态所组成的单位。事件状态是表征层面的第三层级，是对发生在一定时间或地点的事态的描述，是多个语义实体组成的。一般来说，以事件状态作为表征层面的基本分析单位，来分析语言现象是最为合适的。这是因为该层级是命题内容和情节的重要组成层，也是表征层面相当于 FG 中表语义的小句、句段的表征单位。而属性、个体、地点和时间层级也都属于事件状态的下位层级。属性主要为指定实体提供所需的描述信息。个体所标示的是具体的、有形的实体，占据着一定的独特空间。时间和地点用于标示事态的具体时间和场所。这三个层级之间不存在等级关系。

2.3.2 表征层面事件状态框架类型及情态

事件状态是表征层的基本分析单位，表征层面的语义实体单位都会处于一个事件状态之中，因此，FDG 根据定量配价、定性配价等特征，对于事件状态进行了分类，形成不同类型的事件状态框架。另外，由于一些事件状态本身在表征过程中，会体现出不同的情态（Modality），因此 FDG 还会从作用词（Operators）的角度，来对与事件状态相关的情态进行分类。

2.3.2.1 事件状态的框架类型

对事件状态框架（SoAs frames）的分类主要基于事件状态的两个不同特征：一是事件状态中涉及的参与者数量，即定量配价（Quantificational Valency）；二是参与者的语义功能/角色，其中表达了参与者与属性（property，一般即为谓词成分）之间的关系，也就是定性配价（Qualificational Valency）。按照这两个特征分类的事件状态框架都属于述谓性框架（predication frames），由一个属性（即 VP）和多个论元（Arguments）构成，论元即是参与者（Participants）。

首先，FDG 根据事态参与者的不同语义功能，将它们分为施事角色、受事角色、定位角色三种语义角色。施事角色（actor）指的是所有在 SoA 中处于主动（active）地位的语义角色，包括施事（agent）、外力（force）等；受事角色（undergoer）指所有在 SoA 中处于被动（passive）地位的语义角色，包括受事（patient）、客体（theme）、经验者（experiencer）等；定位角色（locative）是指除了施事和受事之外的所有语义角色，其语义功能是对事件状态进行定位，例如受益者（beneficiary）、工具（instrument）、处所（location）、目标（goal）等。

其次，根据 SoAs 中属性与语义角色间的搭配，可以分为一价 SoAs、二价 SoAs、三价 SoAs。一价 SoAs 指的是只包含属性和一个语义角色（施事或受事）的事件状态，二价 SoAs 指的是包含属性和两个语义角色的事件状态，三价 SoAs 指的是包含属性和三个语义角色的事件状态，由于汉语没有直接搭配三个角色的用法，必须要用介词来介入。例如，不能直接说"女孩（A）扔球（U）进了池子（L）"，所以这里我们不讨论三价的情况。

再次，FDG 根据事件状态中是否有能量的输入（input of energy），分为动态型事件状态（Dynamic SoAs，下文统称动态 SoAs）和非动态型事件状态（Non-Dynamic SoAs，下文统称非动态 SoAs）。

最后，结合以上分类，汉语中可能的几种述谓性事态框架如表2-1：

表2-1　汉语中可能的述谓性事态框架

述谓性动态 SoAs		
配价	语义功能	例句
一价 SoAs	A	女孩（A）笑了。
	U	女孩（U）摔倒了。
二价 SoAs	A+U	姐姐（A）烧掉了信（U）。
	A+L	女孩（A）从楼上（L）跳了下来。
	U+L	女孩（U）从楼上（L）掉了下来。

述谓性非动态 SoAs		
配价	语义功能	例子
一价 SoAs	U	海南岛很漂亮（U）。
二价 SoAs	U+L	海南岛（U）在中国的南方（L）。

另外，有些事件状态的分类不与述谓结构、属性的配价有关，其谓词成分比较特殊，往往是带有假位成分（dummy element）性质的谓词，这类谓词被放在形态句法层面进行处理。这种事件状态在汉语中主要包括三种：存在性事件状态、分类性事件状态、同一性事件状态。存在性事件状态（Existential SoAs）是用来表示某个实体存在/或不存在于当前语境的事件状态。例如："屋子里有一张床。"分类性事件状态（Classificational SoAs）是用来为实体（entity）分配属性特征的事件状态，一般会包含两个语义实体，后一个描述前一个的属性。例如："小张是一名老师。"同一性事件状态（Identificational SoAs）是用于表示实体间的同一性表达的事件状态，也包含两个语义实体，后者与前者所标示的是同一个事物或者是相类似的事物。例如："小明就是这次的赢家。"

我们可以从表2-2更清楚地看到这三种SoAs的分类：

表2-2　汉语中的其他事态框架

SoAs 的类型	例句
存在性 SoAs	屋子里有一张床。
分类性 SoAs	小张是一名老师。
同一性 SoAs	小明就是这次的赢家。

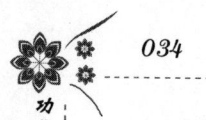

2.3.2.2 事件状态的相关情态类型

事件状态可以受到一些作用词的修饰，其中有一种就是情态作用词，这种作用词主要用来修饰非现实的事件状态，一般也是述谓性的。在 FDG 中，非现实事件状态的情态（modality）可以分为事件导向型情态和参与者导向型情态两大类。其中，事件导向型情态（Event-oriented Modality）暗示着事件状态发生的可能性（Likelihood）或者期许性（Desirability），包括表示逻辑可能的存在性的客观认知情态和表示被一定道德法规所允许的道义情态。参与者导向型情态（Participant-oriented Modality）暗示着从参与者角度出发的可能性或期许性，包括特许性情态和道义情态。关于这些情态的具体情况，我们将在第六章讨论类指"一量名"表征情况时，进一步探讨。

2.4 形态句法层面

2.4.1 形态句法层面的层级构成

形态句法层面是 FDG 的第三个层面，主要由四个层级组成，每个层级都代表一个特定的句法单位，分别为：语言表达（Linguistic Expression）、小句（Clause）、短语（Phrase）、词（Word）。其中，语言表达用变量 Le 表示，小句用变量 Cl 表示，短语使用变量 Xp 来表示，词使用变量 Xw 来表示，X 代表着短语的中心成分。

语言表达（Linguistic Expression）是形态句法层面内的最高层级。它们通常由若干更低阶层的形态句法单位（如小句、短语或者单词）所组成，或者由这些单位当中的某一个来充当，这种情况的前提是，这个单位可以被独立使用。一般来说，语言表达包含着两个或以上的小句，根据构成小句间的关系，语言表达可以分为并列式、列举式、联合—从属式、额外小句式、等价并列式等结构。其中，并列式（Co-ordination）是指包含多个独立小句的语言表达，例如："我买了书，他买了画。"列举式（Listing）是包含多个并列短语的语言表达，例如："我买了一大堆东西：书、杂志，还有一些食物。"联合—从属式（co-subordination）由两个小句组成，其中只有一个小句能独立使用。例如："说到全球变暖，你应该看看这条新闻。"额外小句式（Extra-clausality）由一个名词短语和一个小句组合而成，其中小句可以独立使用而名词短语不能，如："关于小王，我听说了一个消息。"等价并列式（Equiordination）由两个相同句法单位组成，它们之间存在互相依存的关系，例如："站得越高，看得越远。"这几种情况将在表2-3中列出：

表2-3 语言表达的可能组成形式

语言表达的结构	例句
并列式	我买了书，他买了画。
列举式	我买了一大堆东西：书、杂志，还有一些食物。
联合—从属式	说到全球变暖，你应该看看这条新闻。
额外小句式	关于小王，我听说了一个消息。
等价并列式	站得越高，看得越远。

形态句法层面的第二个层级是小句层，FDG通常以小句作为形态句法层的基本分析单位。小句是由有序排列的单词、短语及其他嵌入句（Embedded Clause）构成的。一般来说，基本的排列（Alignment）都被放在小句中进行，主要包括短语成分、词在排列中反映出来的词类特征（副词、动词等），和其位置（句中、句前、句末等），还有其句法特点（主语、宾语等）。在下个小节会讨论小句的排列规则。

形态句法层面的第三个层级是短语层。短语是一系列词、短语的组合。在一个短语中，所有这些成分可以出现一次或者更多。

形态句法层面的最小层级是词。可以分为简单词（即由单一词素构成）和复合词（即由两个或以上词素构成）。

2.4.2 形态句法层面排列的特征及规律

形态句法层面的功能在于将说话者的交际意图转换为句法表达形式。人际层面和表达层面的成分是如何映射到形态句法层面的各个单位上的,这一过程在 FDG 当中被称为排列(Alignment)(Hengeveld and Mackenzie, 2008: 316; Foley, 2005: 385)。形态句法层的这种排列主要以小句为基本分析单位进行,并需要从人际和表征这两个更高层面中获取输入。对成分的句法排列始于对人际层面和表达层面非核心成分(Non-core Element)的排列,这些成分主要被排列在整个句法框架的外围,即语前位置(Preclausal Position,变量 P^{pre})、语后位置(Postclausal Position,变量 P^{post})等,例如,表征层面 SoA 的修饰语(表示时间地点、原因等),就常会被放在语前位置。具体如下句:

(1) 因为一场事故,我参加了那次会议。
　　P^{pre}　　|　　　(Cl)　　　|

而核心成分则根据说话人的意图及其语义角色,按照一定的排列原则,分别排列在小句的句首(Initial Position,变量 P^{I})、句中(Middle Position,变量 P^{M})、句尾位置(Final Position,变量 P^{F})。如上例可分析为:

(2) 因为一场事故,我　参加了　那次会议。
　　P^{pre}　　|　P^{I}　P^{M}　　P^{F}　|

在进行形态句法排列时,一般会遵循象似性(Iconicity)、域完整性(Domain Integrity)、功能稳定性(Functional Stability)这三项主要原则,同时也受到透明性/非透明性[(non-)Transparency]和融合(Synthesis)的一些影响。象似性是指人际层面和表达层面的单位在构建时的排列顺序与其在被句法层面的线性排列顺序之间存在直接关联。域完整性是指在人际层面和表征层面的相关的信息单位,在形态句法层面也会被排列在相邻的位置。功能稳定性要求一些带有特定人际或表征功能的单位在形态句法层按照固定的顺序被排列起来。

如果这些原则可以无一例外地全部被应用,那么我们很有希望找到人际层面、表达层面以及形态句法层面单位间的一一对应关系。但事实上，在许多情况下，通过分析可以得知不同层面之间的关联并不是一一对应的，这就是语言的非透明性（Non-Transparency）。没有一种语言是完全透明的，在使用中，因为交际中的一些因素（主要是交际意图），会发生一些不匹配（Mismatch）的句法现象，并有可能是说话人有意为之。其中最为体现非透明性的是"假位成分"的使用。假位成分（Dummy Element）是 FDG 在形态句法层面的一个独有的语言单位，在人际和表征层面不对应任何的特定单位，也不具有人际和表征功能，比如，"it rains"里面的"it"。这种假位成分会使得其他成分的句法排列发生改变，其使用与多方面因素有关，在后文我们会根据具体情况来说明。

融合（Synthesis）也是语言不透明性的一种表现。就融合而言，造成不同层面间的单位无法一一对应是由于两个或以上的语用或语义单位被融合了一个形态句法单位。这样的例子有人称代词、物主代词和指示代词等，如 I want those 里的 those，在语境中可能用于替换一个更复杂的人际或表征单位。

根据以上的排列原则，排列可能会受到人际、表征、形态句法各方面的影响，因此，FDG 区分了三种不同的排列方式，即人际性排列（Interpersonal Alignment）、表征性排列（Representational Alignment）和形态句法性排列（Morphosyntactic Alignment）。

另外，需要特别说明的是，由于汉语缺乏严格意义上的形态变化，更多注重的是语言表达的句法特征而非形态句法特征。故在下文的具体分析过程中，本书将使用"句法"这一表达来替换"形态句法"。

第三章　不定指"一量名"人际、表征和句法层面情况考察

3.1　"一量名"的不定指功能

3.1.1　"不定指"的概念及表现形式

在讨论"不定指"的定义之前，我们先要区分"指称"与"非指称"。这组概念是由 Lyons（1977）提出的，他认为 NP 在话语中指称实体则是指称性的，不指称实体则是非指称性的。徐烈炯（1995）、王红旗（2004）等人也支持这一观点，王红旗以此为标准，将汉语中的 NP 分为指称性成分和非指称性成分。不定指成分属于指称成分的下位类型，其他的指称成分还包括后文将提及的表定指、类指的 NP 等。

关于"不定指"这一概念，已有许多学者讨论过，其意见也已基本趋于统一。我们总结陈平（1987）、张伯江（1997）、张谊生（2003）、王红旗（2004）、熊岭（2012）等多位学者的看法，将"不定指"定义为：在具体语境之中，当说话人使用某个 NP 时，预料受话人不能够将其所指称的对象与其余同类实体区别开来，或不能辨识该指称对象，那么，这个 NP 就可以看成是不定指的。

不定指成分在汉语中的用例极多，其表现形式也是多种多样的。其中，最为典型的不定指成分就是"数量名"，其中也包含了"一量名"，例如："三个警察正在追一个小偷。"该例中的"三个警察""一个小偷"在语境中不可辨识，是不定指成分；另外，不定指成分还有其他的表现形式，如光杆普通名词、疑问代词等。具体见这两例中的着重部分：a. 昨晚家里进了贼，把我的电脑偷走了。b. 谁拿了我的照相机？

3.1.2 关于不定指 NP 的判定

在判断 NP 是否为不定指成分时，语言学者们通常偏向于将"不定指"与"定指"放在一起来探讨。关于定指、不定指的判定，不同学者提出过不同的看法。较早的理论有 Christophersen (1939)、Jespersen (1943) 等人提出的熟悉性理论，认为熟悉度是判定 NP 是否定指的充分条件，当 NP 的所指对象对说话人和受话人双方而言，都是熟悉的事物时，NP 为定指成分，不满足该条件的就是不定指成分。Lyons (1999) 等学者接受了熟悉性的概念，并进一步提出了"可辨识性 (identifiability)"的概念。即在表示定指的情况下，说话人认为受话人能识别出 NP 的所指事物，反之，表不定指时，则不能。这种"可辨识性"其实包含了"熟悉性"的概念，对 NP 所指的熟悉显然是"辨识"或"识别"的必要条件。另外还有"唯一性"和"囊括性"理论。"唯一性"将 NP 所指对象是否是唯一存在看作检验定指/非定指的标准（罗素，1905），但王广成（2007）指出其缺陷在于定指 NP 所指并不一定是唯一的对象，文中举出的例子是"这次比赛的冠军将会被派往英国深造"，可以看出"这次比赛的冠军"显然是定指的，但"冠军"有可能不止一人。为了修正这个漏洞，Hawkins (1978) 又提出了"囊括性"，认为它包括了"唯一性"，定指 NP 是指"满足指称表达式集合的所有物体或物质的总量"。但这一观点仍旧有偏颇之处。例如祈使句："关上窗户（Please close the window!）!"此处的定指 NP，"窗户（the window）"显然不是指所有的"窗户"，而仅仅是说者与听者所处空间内的"窗户"而已。

综合上面的几种观点，由于我们认为，判断 NP 是定指还是不定指，最关键的标准在于说话人预料受话人能否在语境中正确地识别 NP 的所指对象，从这点上来看，可辨识性是最符合这一标准的概念。因此在本书中，我们主要从可辨识性的角度来探讨。一般认为，可辨识性分为"可辨识"和"不可辨识"两种，在具体语境中，定指成分是可辨识的，不定指成分是不可辨识的。

3.1.3 不定指"一量名"的判定标准和分类

总的来说,本书认为不定指"一量名"必须符合以下两个判定条件:首先,该"一量名"必须是指称成分中的有指成分,并且是指称个体而不是类。作为有指成分的"一量名"既有表类的用法,也有表个体的用法,例如:a. <u>一个男人</u>朝我走了过来。b. <u>一个男人</u>就应该担起家庭的责任。例 a 中的"一个男人"指称的是某一个未确定的对象,是个体指;例 b 中的"一个男人"指的是"男人"这一类群体,是类指。关于类指"一量名",我们将在后文的章节中讨论。其次,说话人预料该"一量名"所指称的事物对受话人来说是不可辨识的。

作为不定指成分的"一量名",还可以有其不同的下位分类。关于不定指的分类,其中比较常见的是将不定指分为泛指和特指(见陈俊(2009)、张慧(2011))。这种分类角度是从说话人自身是否能辨识语境中的 NP 来看的。按照这一标准,不定指"一量名"可以下分为特指性不定指"一量名"和泛指性不定指"一量名",前者是指说话人认为自身可以辨识,但受话人不能辨识该"一量名"的指称对象;后者则相反,是指在说话人的认知中,自己和受话人都不能辨识该"一量名"的指称对象。具体如表 3-1 所示。

表 3-1 不定指"一量名"的下位分类

不定指"一量名"	说话人自身能否辨识	预料受话人能否辨识
泛指性不定指"一量名"	-	-
特指性不定指"一量名"	+	-

3.2 人际层面的不定指"一量名"

3.2.1 不定指"一量名"所处的内容框架

在话语行为的交际内容中,不定指"一量名"可以被看作是一个指称性子行为。从话题和述题的层面来看,"一量名"子行为可以出现在话题为焦点的一般性框架、述题为焦点的一般性框架、述题为焦点的话题性框架、辨识性焦点框架这 4 种内容框架（Content Frame）之中，每种内容框架都分别代表着一个话语行为（Discourse Act）。

3.2.2 话题为焦点的一般性框架中的不定指"一量名"

在话题为焦点的一般性框架中，其内容框架只包含一个话题层面，焦点作用词附着于话题之上，实现其焦点功能。这类框架主要是促使受话人去识解（Construe）一个全新的指称对象。在其所在的话题为焦点的一般性（Topic-central Thetic）话语行为之中，"一量名"担任的人际角色既是话题，也是焦点。例如："家里来了一个姓张的表哥。"该话语行为中，"家里"是说话人和受话人共知的环境，一般性谓语动词"来了"表示位移的情况，但仍不是说话人要表达的核心信息。而"一量名"即"一个姓张的表哥"才是话语行为的焦点兼话题，包含的信息量也是最大的。

需要注意的是，FDG 注重上下文语境的作用，也就是说，我们不能单纯考虑"一量名"在单个话语行为中的人际功能和意图，还应当考虑其在语段（Utterance）中的情况。此处需要说明的是，本书提出以"语段"而不是"语篇"作为除话语行为之外的主要分析单位，这是有理由的。对于语篇（Discourse）来说，其人际功能是在不断发生变化的。例如，一个叙事性的语篇中，也可能包含说明性、议论性的段落（passage），这就造成我们在研究中无法确定其性质。而我们所说的"语段"仅含一种性质，可以分为议论性语段、说明性语段、叙事性语段这三类。一个完整的语篇可能包含多个同类或不同类的语段，语段中又包含多个话步、话语行为等人际单位。下文也沿用这一说法，不再重复介绍。

许明（2011）指出，这种一般性框架中的话题成分往往会为接下来的话语提供参考信息。笔者通过语料考察，发现这种参考信息既可以是下文的话题，也可以只是为下文提供一些相对次要的背景信息。❶

---

❶ 这里的"背景信息（Background Information）"参考 Hopper & Thompson（1980），其观点认为，对说话人的交际意图只起到辅助性、注释性作用，而非关键关键性要点信息的内容，就是背景信息。下文同。

从语段全局考虑，话题为焦点的一般性框架中的不定指"一量名"在语段中可以是全局话题、局部话题、非话题三种情况。

3.2.2.1 语段全局话题的不定指"一量名"

说话人在话语行为中引入一个新的信息"一量名"作为话题和焦点，其交际意图在于在整体语段中引入一个全局话题，并在接下来的话语中围绕这个全局话题展开情节（Epsoide）。一般出现在叙事性语段、说明性语段之中；从人际功能来看，在叙事性的交际内容中，"一量名"指称子行为（Referential Subact）作为叙事的起点，其他话语行为都围绕这一首现的事物展开叙事。在说明性的交际内容中，这类"一量名"子行为则是整个语段所要说明的中心内容。例如：

（1）M₁：[A₁：（在这个动荡不安的年代里，在柴桑地方，有一个出名的诗人，名叫陶潜，又叫陶渊明，）A₂：（因为看不惯当时政治腐败，在家乡隐居。）A₃：（陶渊明的曾祖父是东晋名将陶侃，虽然做过大官，但不是士族大地主，）A₄：（到了陶渊明一代，家境已经很贫寒了。）A₅：（陶渊明从小喜欢读书，不想求官，家里穷得常常揭不开锅，但他还是照样读书做诗，自得其乐。）A₆：（他的家门前有五株柳树，他给自己起个别号，叫五柳先生。）]（《中华上下五千年》）

（2）欧洲和美国合作发射的太阳观测卫星拍得的照片显示，太阳表面近日出现了<u>一个庞大的黑子</u>，其面积比地球表面积大 13 倍，是近十几年来最大的太阳黑子。

科学家说，黑子所在区域已经出现了 4 次耀斑以及两股朝向地球的强大日冕喷射，其影响将于本周末到达地球，引起极光和磁暴等现象。据悉，这个太阳黑子位于太阳表面右上方，面积还在继续扩大。黑子所在区域已于 3 月 29 日产生了一次强度为最强级 X 的耀斑，以及 3 次强度仅次于 X 的 M 耀斑。（新华社 2001 年 4 月份新闻报道）

从语段类型来看，例（1）是叙事性语段，例（2）是说明性语段。例（1）中，"一个出名的诗人"是指称性子行为，所在的话语行为（A_1）是一个话题为焦点的一般话语行为。"一量名"在语段中作为全局话题，所在的语段整体就是一个话步（M_1），谈论的是同一个中心内容。语段中"一量名"所在的话语行为（A_1）本身，以及接下来的几个话语行为，都是围绕着"一个出名的诗人（陶潜）"展开叙事的，A_1、A_2交代了"诗人"的基本信息，A_3、A_4提及了陶潜的祖上关系和家境贫寒的情况，A_5叙述了诗人个人的爱好、习性，A_6叙述了他的别号的由来。例（2）中，指称性子行为"一个庞大的黑子"作为一般性话语行为的话题兼焦点，同时也是整个语段的全局话题，语段中的几个话语行为都围绕这一全局话题展开，补充说明了话题"一量名"的出现的场所，其位置、扩张的情况，以及带来的影响。

3.2.2.2 语段局部话题的不定指"一量名"

在一般性话语行为中担任话题和焦点的"一量名"指称性子行为，还可以作为一个或几个话步的话题出现，即语段的局部话题。一个语段存在话轮转换，因此语段的话题也可能在不停的变换之中，此时"一量名"话题可能只是语段内多个话题之中的一个，随着话轮的转换、话步的改变，则可能不再被提及。例如：

(3) M_1：[A_1：（在第125号石窟内，有一尊观音的雕像。）A_2：（她身材苗条，面带微笑，双手拿着一串佛珠，好像是在数着珠的多少，又好像是在遐想着自己的未来，人称媚态观音。）A_3：（一般的菩萨造像大都正襟危坐，法相庄严，）A_4：（而这尊观音菩萨却像一个秀丽活泼，天真可爱的乡村少女。）] M_2：[177号地藏变相，则采用了大刀阔斧的表现手法，没有一点拖泥带水的痕迹，成为北山石刻风格独物的艺术珍品。] M_3：[与北山石刻遥相对应的是宝顶山石刻。宝顶山的摩岩造像是宋代一个名叫赵智凤的和尚发起，并得到朝廷官员的帮助，前后经历七十余年营造起来的、一处规模宏大的密宗道场，距今已有八百多年的历史。]（《话说长江》解说词）

在例（3）中，整个语段可以被分为三个话步，即 M_1、M_2、M_3。话步 M_1 又可以分为 A_1、A_2、A_3、A_4 四个话语行为。"一尊观音的雕像"是第一个话步（M_1）的核心话题，其中的四个话语行为都是围绕观音像，展开了一系列的描写，包括其体态特征、动作、模样、以及对其特征的评价。而 M_2、M_3 则是与 M_1 有不同的话题，M_2 的话题是"177号地藏变相"，M_3 的话题是"宝顶山石刻"。因此这里的"一量名"子行为充当的是语段的局部话题。

3.2.2.3　非语段话题的不定指"一量名"

说话人使用非语段话题的不定指"一量名"，其交际意图仅仅是在话语中引入一个实体，并将之作为下文的背景信息，便于受话人能更好地理解接下来的话语。

在语段中担任全局话题和局部话题的"一量名"子行为，一般都是特指性"一量名"，对说话人来说，可辨识度相对较高，即说话人对于其所指称的事物有比较深刻的认知。这是因为说话人的交际意图在于用首现的方式引入这个话题（焦点）成分，并对其进行进一步的叙述，这要求在说话人的知识背景中本身就存在这个事物的预设信息。

而非话题的不定指"一量名"则不同。这种"一量名"所指称的事物往往是说话人也不可辨的泛指性"一量名"，或者是说话人认为属于背景信息，不需要受话人识别的特指性"一量名"。这种非话题的不定指"一量名"再现的次数比较少，也可能不会再现。例如：

（4）小巴士沿着山路而下，高度逐渐降低，出现了<u>一个刀削斧劈般的山谷</u>，景色变得平缓起来。"奶奶在我回来的时候，经常到水坝的这个地方来接我。"静枝兴奋得双颊泛红。前方已经看得见水库了，只见大堤和堤下的水闸附近围着很多人。（森村诚一《人性的证明》，ccl 语料库）

（5）在街的斜对面，有<u>一个水果摊</u>，老板是个单身父亲，名叫阿东，独自带着七岁的女儿融融生活。一年前，融融的母亲去世。父亲阿东毕竟是个大男人,不会替她打扮,所以融融的头发整天乱糟糟的。后来,灵儿实在看不下去了,就每天帮融融扎麻花辫,把她打扮得可漂亮了。因此,融融很喜欢灵儿,没事就跑到灵儿的店里玩。(《美丽的麻花辫》,《故事会》2014 年第 8 期)

(6) 在<u>一个浓雾的阴晦的上午</u>,刘板眼瞪着火光闪闪的眼睛,直接闯进了"标新立异"餐厅三楼陆武桥的总经理办公室。陆武桥在居委会与老太太们合用一张课桌做了好几年总经理,终于苦尽甜来,最近有了自己的办公室。办公室的室内装修刚刚竣工,吊灯铝合金窗户护墙板地毯黑色的大班桌意大利真皮沙发,一切都新得像刚出娘胎。(池莉《你以为你是谁》)

例(4)中,"一个刀削斧劈般的山谷"是其所在一般性话语行为的话题和焦点,但从语段整体来看,这一指称信息与接下来的话语的关系不紧密,在下文中也没有再现,是语段中的背景信息而非话题。这个"刀削斧劈般的山谷"对于说话人来说也是第一次接触到的事物,说话人本身对其并没有太多的认识,可辨识度是很低的,只作为一种背景信息,为后文做铺垫。例(5)中,根据语境可以推测,"一个水果摊"对于说话人来说应当是可辨识的对象,可以看做特指性的"一量名",但这不是说话人想要叙述的重点信息,在语段中属于非话题的背景信息,在下文中也没有再现。例(6)中,"一个浓雾的阴晦的上午"这个"一量名"虽然有添加一定的描述性修饰语,如"浓雾的""阴晦的",但说话人的目的不在于让受话人辨识这个"上午",因此只将之作为一种表时间的背景信息,在语段中首现之后就不再出现。可以看到,下文的交际内容主要与"刘板眼"的一系列动作行为,以及"陆武桥"的"办公室"来由、装潢情况有关,没有再提及"一量名"所代表的信息。

3.2.3　述题为焦点的一般性框架中的不定指"一量名"

在述题为焦点(Comment-central Thetic)的一般性框架中,其内容框架只包含一个述题层面,焦点作用词附着于述题本身,也就是说,整个述题对于受话人来说都是新信息或者突显信息。话题为焦点的一般性框架的主要交际目的是为了识解一个新的指称，而述题为焦点的一般性框架则主要是促使受话人去识解一个事件。指称信息在述题为焦点的一般性框架中，是述题的核心成分，也是事件的参与者。例如："A_1：What happened？A_2：A bus has arrived."。在这个对话语段中，后一个话语行为 A_2 就是一个述题为焦点的一般性框架，说话人的目的是引导受话人去识解"一辆汽车来了"这样一个事件，而述题核心成分的"A bus"就是事件的参与者。由此可见，述题为焦点的一般性框架中，"一量名"是作为述题核心成分存在的。

从语段全局来看，作为指称信息的"一量名"子行为通常会在接下来的话语中再现，可以充当语段的话题或话题核心成分、话语参与者、非话题的背景信息等。

3.2.3.1 充当语段话题或话题核心的不定指"一量名"

说话人在话语行为中引入一个新的事件信息，而"一量名"作为事件的参与者，在接下来的话语中担任话题，这时候"一量名"指称子行为是话语行为的主动参与者，通常为语段的局部话题，一般出现在叙事性语段之中。例如：

(7) 她已经跟那群富豪见了面，A_1：(有一位上市公司的老总对她的印象很好，已经初步确立了意向。)

老刘听得心花怒放，可当听到女儿说他这个准女婿已经五十岁时，顿时咯噔一下：这年纪也太大了点吧？只比自己小三岁，恐怕以后会被人嘲笑。

"爸，这算什么呀！全场年纪最小的就是他，还有几个比爷爷还老哩！"阿红咯咯咯地笑着说，"笑疯笑傻笑穷酸，你见过笑有钱人的吗？"

老刘转念一想，也罢，古时候也都这样，有钱的财主老爷当爷爷了，还娶十四岁的小丫环呢。想开后，老刘整天心里美滋滋的，就等着女儿把宝贝女婿领回家。(《豪门梦》，选自故事会)

例（7）中，A₁是不定指"一量名"所在的一般性话语行为，这个话语行为引出了接下来的故事情节。从话语行为的角度来看，"一位上市公司的老总"的人际功能是担当话语行为A₁的述题核心成分；从语段整体来看，"一量名"是语段的局部话题，例（7）中呈现的主要交际内容都围绕"一位上市公司的老总"这个话题进行了探讨。

还有一种比较特殊的语段，即标题式语句，这种语段中的"一量名"可以看作是一个话题核心成分，其所在的话语行为是整个语段的全局话题。常见于叙事性语篇的新闻标题中。

John H. Connonlly（2007）提到过"独立式名词短语（Free standing Noun Phrases）"这个概念。他认为，独立式名词短语包括两种：①句外成分；这个由Dik（1997）提出，例如插入语、呼语等；②块式语言/标题式语句；Quirk et al（1985）认为块式语言包括以下几种：

a. 标题（heading）

b. 题目（title）

c. 标签、标注（label）

d. 招牌（notice）

e. 报纸头条新闻（newspaper headline）

f. 广告（advertisement）

我们将块式语言作为一种独立语段来看，类指和不定指的"一量名"都有在块式语言中出现的用例，这里我们首先讨论不定指"一量名"的情况。不定指"一量名"主要出现在报纸新闻的标题（newspaper headline）中，往往是整个新闻要讨论的主要话题，或者是其中的重要信息，说话人使用这种不定指的"一量名"形式，主要是两种交际意图：①为了模糊焦点，因为新闻本身具有保密性，不方便公开该事件中的一些信息，例如事件当事人本身的信息。②为了互动的需要，想要引起读者的兴趣，希望读者（受话人）能够进一步探求，以获得更多的指称信息。

(8)《广西<u>一起女童猥亵案</u>案情遭泄 女童信息被扩散》（搜狐

新闻)

(9)《惨烈！我市发生重大交通事故！一名儿童当场身亡！》(包头新闻网)

例(8)、(9)中的"一量名"本身就是事件的话题核心，但说话人故意不明说，采用不定指的模糊形式，这样更能引起读者的兴趣，从而进一步读完新闻内容；例(9)中的"一量名"是新闻中的重要信息，表明有儿童在事故中身亡，一方面也可以吸引读者的眼球，但另一方面，也是一种隐晦的说法，没有公开"一名儿童"本人的信息。

在这种情况下，作为标题（或副标题）的一般性话语行为是整个新闻语篇的全局话题，整条新闻都是围绕该话语行为所描述的事件展开的，不定指"一量名"是事件的重要相关者，可以看作是话题的核心成分。

3.2.3.2 作为语段的话语参与者的"一量名"

这类"一量名"还可以在接下来的话语中作为话语参与者出现。"一量名"指称对象在首次出现于一般性话语行为中时，还是一个未被识别的指称信息，而在下文中可以用回指形式来再现、三现这一指称对象。说话人的交际意图是为下文引入一个新的话语参与者。例如：

(10) 这时，一个医生出来问："谁是家长？孩子需要住院观察。"袁方刚想细问，就听身后"咕咚"一声，回头一看，父亲已经倒在了地上。父亲被送进了急诊室。医生告诉袁方，父亲是因为太过紧张而引发了脑溢血，必须立刻做手术。(《全家福》，选自《故事会》)

(11) 一个穿着黑色棉袄、腰里扎着一根白布带子的男人弓着腰迎面过来。她感到这个人似曾相识，但一时又记不起他是谁。那人拦在她的面前，大声问：你到哪里去？这人的声音也很耳熟，但她同样记不起这是谁的声音。那人又问：您要去哪？她哭着说：我去看看儿子，军号不响了，我儿子死了……(莫言《儿子的敌人》)

例（10）中，"一个医生"所在的话语行为是个一般性话语行为，说话人引入这一对象的目的是为语段添加一个新的参与者。这一参与者在接下来的话语中以"医生"这一形式再现。例（11）中，"一个穿着黑色棉袄、腰里扎着一根白布带子的男人"在一般性话语行为中是首现，接下来的交际内容基本都是围绕"一量名"指称的这一对象与"她"（前文已知的话语参与者）之间的会话进行，而这一新的话语参与者在一般性话语行为之后的话语中也多次出现，分别用"这个人""那人""这人""那人"这些形式来回指。

3.2.3.3 作为语段的背景信息的"一量名"

有时候，不定指"一量名"既不是语段的话题，也不是话语参与者，而是仅仅作为一种非话题的背景信息出现。这种指称信息往往在话语中只出现一次，作为对下文的一种背景交代，之后就不会再提及。例如：

（12）那个村子有一户人家正在盖房子，宋辉骑着自行车从那群弯着腰砌墙的人跟前经过时，忽然有人喊住了他："宋大哥。"宋辉抬头一看，脚手架上一个戴安全帽的年轻人冲他招手，正是林远。林远从脚手架上跳下来，宋辉把他拉到一边，问他因为什么离开工艺厂的。（《堂堂正正上白班》，选自《故事会》）

从整个语段来看，例（12）这个语段要叙述的主要交际内容是"宋辉"和"林远"的相遇过程。在该语段中，"一户人家"所在的一般性话语行为整体就可以理解为整个语段的背景信息，而"一户人家"其实也只是为两人的相遇提供了地点信息。

3.2.4 述题为焦点的话题性框架中的不定指"一量名"

在述题为焦点的话题性框架（Comment-central Categorical）中，其内容框架包含一个话题层面和一个述题层面，焦点作用词附着于述题本身，即，话题层面是与语境相关联的信息，述题层面对于受话人来说是新信息或者突显信息。述题为焦点的话题性框架的主要交际意图是针对一个话题进行叙述，将述题所述的交际内容添加到受话人的语用知识背景中去。这种情况下，"一量名"是述题中的一部分，用来为话题补充新信息。总体来说，"一量名"子行为主要可以为话题补充两个方面的信息，一是与话题成分的动作行为相关的新信息，二是与话题成分的状态相关的新信息。例如：

(13) a. 他打了<u>一个新来的老师</u>。
　　 b. 他坐在<u>一家颇有风味的小酒馆</u>里。
　　 c. 她穿着<u>一条漂亮的连衣裙</u>。

例（13）中，a 例中的"一个新来的老师"与话题"他"发出动作相关，补充了关于"打"的对象的信息；b 例中"一家颇有风味的小酒馆"同样与话题"他"在述题中的动作行为"坐"有关，但在这里补充的不是对象信息，而是与动作行为的地点有关。c 例中"一条漂亮的连衣裙"与话题"她"的状态有关。

3.2.4.1 "一量名"表示话题动作行为的相关信息

当不定指"一量名"用来为话题动作行为补充新信息时，"一量名"为话题成分提供的补充信息主要分为三种：第一，与话题主要动作行为涉及对象有关的新信息；第二，与话题次要动作行为涉及对象有关的新信息；第三，与动作行为的时间地点有关的新信息。

（一）"一量名"所示信息与话题主要动作行为涉及对象有关。

在这种情况下，从单个话语行为的角度来看，"一量名"为其所在话题性话语行为中的话题成分的主要动作补充对象信息；从语段整体来看，"一量名"所示信息可以作为接下来的话语中的局部话题出现，也可以只是语段的背景信息。这些情况在说明性和叙事性语段中均有出现。例如：

（14）A₁：(在这些背包、毡子、挂毯、坐垫和披肩中，我一眼就看中了一条披肩。) A₂：(这条披肩上用五颜六色织着西藏佛教中的某个故事，一个威武的神戴着狰狞的面具不知踩在什么敌人的身上。)（池莉《让梦穿越你的心》）

（15）A₁：(公元759年冬天，杜甫来到成都，在浣花溪畔建造了一座草堂。) A₂：(据记载，当时的草堂很小。A₃：(1949年以后，草堂进行了修复扩建，) A₄：(真正成为人们瞻仰"诗圣"的地方。)（《话说长江》解说词）

（16）A₁：(土生土长的西安人曹石，计算机系硕士毕业后，利用业余时间和朋友组了一个用西安方言演唱的说唱乐队。) 身兼大学教师、乐队的主唱作词、多种角色的他，在这首最广为流传，描写三秦大地平民美食的说唱里，一连串列举了陕西几十种诱人的美食，在曹石的歌里，被冠以经典传统的是牛羊肉泡馍。（《舌尖上的中国》解说词）

例（14）、（15）两个语段中的"一量名"都是作为后文的局部话题出现，而例（16）中的"一量名"仅为后文提供了背景信息。例（14）是一个叙事性的语段，"一条披肩"在话语行为A₁中是话题"我"所"看中"的对象，在语段接下来的内容（A₂）中，作为一个局部话题被具体地描述。例（15）是一个说明性的语段，"一座草堂"为A₁的话题成分"杜甫"所发出的述题行为"建造"补充了对象信息，而在下文中，A₂、A₃、A₄都是围绕"一座草堂"这个话题展开的。例（16）中，"一量名"在A₁这个话语行为中，为话题"西安人曹石"所发出的动作"组"补充了一个新的对象信息，但在整个语段中，这也只是一个为下文做铺垫的背景性信息。可以看到，语段中接下来的内容仍然围绕"曹石"这个话题进行情节的展开，"一量名"所指对象只以"乐队"这个回指形式再现了一次。

（二）"一量名"所示信息与话题次要动作行为涉及对象有关。

这种情况下，"一量名"为其所在话题性话语行为中的话题动作所补充的信息并不是与主要动作行为直接相关的主要对象信息，而是次要动作行为中涉及的一些对象的信息。具体来说例如：

(17) 海军战士李广华回家探亲途中乘坐的客车翻进大河。他在自己受伤的情况下，奋不顾身抢救乘客，T_1：（帮一位乘客）T_2：（打捞起价值一万多元的仪器）。(1995年《人民日报》)

(18) 不同民族的语言是不同的，欧美人用握手、接吻、拥抱等方式，库泊爱斯基摩人用一个拳头连打对方的脑袋，拉丁美洲有些地方的人以拍背为礼……（ccl语料库）

这种情况下的话题性话语行为都可以看成是包含两项交际内容。例 (17) 中，话题成分"他（李广华）"的主要动作行为是归属性子行为 T_2，即"打捞起价值一万多元的仪器"，次要动作行为是 T_1，也就是"帮一位乘客"，这样看来，这个话语行为（记为 A_1）在人际层面可以被这样理解：A_1：[C_1：（他帮了一位乘客）C_2：（他打捞起了价值一万多元的仪器）]，C_1、C_2 代表着 A_1 中所包含的两项交际内容，而"一量名"处于 C_1 之中，是话题次要行为对象的补充信息。例 (18) 中的情况也是如此。

（三）"一量名"所示信息与话题动作行为的时间地点有关。

这时候，从单个话语行为的角度来看，"一量名"为其所在话题性话语行为中的话题补充与动作行为的时间、地点有关的信息；另一方面，该"一量名"所示的时间、地点信息也会为接下来的话语提供可供参考的时间点和空间点，为语段提供了背景信息。例如：

(19) 几天后，王局长特地抽了时间，陪母亲上街溜达。走着走着，他把母亲带进了一个牙医诊所。王局长把母亲扶到椅子旁坐下，对牙医说："这是我娘，你给她看看牙齿，能补的都给补好吧。"（《母亲的牙齿》，选自《故事会》）

(20) 经查询，这批货没有进货合同，是现款现货进的。为了查个水落石出，三方又赶赴上海，紧张奔走了一个星期。最后弄清这批自行车的零部件是东拼西凑的伪冒产品。出售这车的上海

保昌路自行车缝纫机商店，受到了应有的处罚，百货大楼索回了损失。(《市场报》1994年)

在上两个例子中，例（19）的"一量名"为其所在话语行为的话题动作补充了地点信息，例（20）中的"一量名"则补充了时间信息。从语段整体来看，例（19）的"一个牙医诊所"是接下来的几个话语行为的空间参考点，即接下来的故事情节都在这个"牙医诊所"里展开；例（20）的"一个星期"是下文的时间参考点，下文叙述的都是在"一个星期"该时间点之后发生的事情。

3.2.4.2　"一量名"表示话题状态的相关信息

当不定指"一量名"用来为话题状态补充新信息时，它与话题有着比较直接、紧密的联系。主要是用来描述话题对象在某种状态下，表现出什么样的特征、特点。这种状态特征可能是话题对象本身就拥有的，例如"穿着一件黄衣服"；也可能是发出动作行为的时候体现出来的，例如"举着一个杯子"；这时候的话题成分本身在语段中也是一个局部话题，"一量名"的主要交际功能是为这个局部话题提供补充性信息。例如：

（21）就像名角登台一样，孙大盛光彩夺目地出现在我们的眼前，只见他上身穿<u>一件金黄色的半袖体恤衫</u>，下穿<u>一条黑裤子</u>，肚子有点凸，但是不大，头有点秃，用边上的毛遮掩着。(莫言《倒立》)

（22）董良庆端着<u>一杯酒</u>，转到孙大盛身边，说："孙部长，我敬您一杯！"(莫言《倒立》)

例（21）中，"孙大盛"既是其所在话语行为的话题，也是当前语段的一个局部话题。作为"一量名"成分的"一件金黄色的半袖体恤衫""一条黑裤子"都用来形容"孙大盛"当前的穿着特征，凸显了他"光彩夺目""像名角登台一样"这样的一个状态。这些状态特征是"孙大盛"本来就拥有的，与其主动的动作行为没有关系；例（22）中的"一杯酒"是"董良庆"在发出动作"端"时，表现出来的一个状态。需要注意的是，这里话题对象"董良庆"发出了三个动作"端""转""说"，而"说"才是话题对象真正想要实施的行为，是前景信息；而"端"和"转"的动作虽然位于述题焦点之中，属于新信息，但并不是焦点集中要突显的部分，属于次要的补充信息。因此，这里"一量名"只用来为话语行为中的话题提供状态特征方面的信息，与语段整体的关联不大。

3.2.5　辨识性焦点框架中的不定指"一量名"

辨识性焦点框架是几种人际框架中比较特殊的一类。这种框架中也同样存在话题层面和述题层面，但焦点作用词不直接作用于话题或者述题之上，而是作用于辨识性的子行为之上，也就是说子行为直接被赋予焦点功能。这类辨识性焦点框架在语用（Rhetorical）方面有两种用途：一是对于预设信息进行修改和更新，例如，"他不是吃了苹果，他吃了梨"，这里的"梨"就是对预设信息"苹果"的一种修正；二是将语境中需要突显的内容作为辨识性的焦点提出来，比如汉语中，有时候会出现句末信息的提前。不定指"一量名"所在辨识性焦点框架主要是第二种情况，"一量名"在该框架中是一个充当辨识性焦点的指称性子行为。

不定指"一量名"所在辨识性焦点话语行为的主要意图有两种，第一种情况是用于描述话题成分对焦点"一量名"的一种处置，即反映话题成分对于"一量名"子行为实施有意识或无意识的动作行为，对其造成影响；第二种情况是仅仅突显焦点所代表的子行为。根据不同的情况，我们可以分类讨论。

3.2.5.1　描述话题成分对焦点"一量名"的处置

（一）辨识性焦点话语行为强调话题成分对于辨识性焦点"一量名"实施了有意识的处置，对该焦点成分造成了一定的影响，或者带来了一定的结果。例如：

(23) 她将埋在杏树下的一小罐白面刨出来,去邻居家借了三个鸡蛋、一小碗油。(莫言《儿子的敌人》)

(24) 牛大姐把一叠废稿纸揉成大大小小的纸团,一股脑扔进桌下的废纸篓。(王朔《谁比谁傻多少》)

(25) 一只小狗被顽皮的孩子丢进了水里,吓得呜呜直叫。(自拟)

例(23)这个话语行为中,话题成分"她"对"一小罐白面"造成了一定的影响,使其发生了位移。例(24)中,话题成分"牛大姐"使"一叠废稿纸"的状态发生了变化,强调"一量名"从"稿纸"变成了"纸团"这样一个结果。例(25)中的"一只小狗"被"顽皮的孩子"有意识地进行了处置,即"丢进了水里",造成"小狗"吓得"呜呜叫"的结果。这三例中对于焦点成分的处置都是出于话题成分自身的主观能动性,是一种有意识的处置。

(二)辨识性焦点话语行为是为了体现话题成分对于辨识性焦点无意识的一些处置,造成了意料之外的结果,往往是不如人意的结果(张济卿2000,马真1985、王还1985等)。例如:

(26) A$_1$:(大家笑,乐不可支,)A$_2$:(夏红光顾笑没留神抬肘把一个碟子碰到地上打碎了。)(王朔《玩的就是心跳》)

(27) 那个时候我的那辆解放牌,不是后来这辆黄河,在一条狭窄的盘山公路上,把一个孩子撞到了十多丈下面的水库里。(余华《死亡叙述》)

(28) 一份重要的文件被我弄丢了,这下真的糟糕了。(自拟)

例(26)中,辨识性焦点成分为"一个碟子",话语行为A$_2$中的话题成分"夏红"发出了"碰"的动作,这是在"夏红"无意识中对于焦点"一量名"所指对象进行了处置,并造成了导致碟子被"打碎了"的结果,是不如意的。例(27)也一样,话题成分"我"无意中

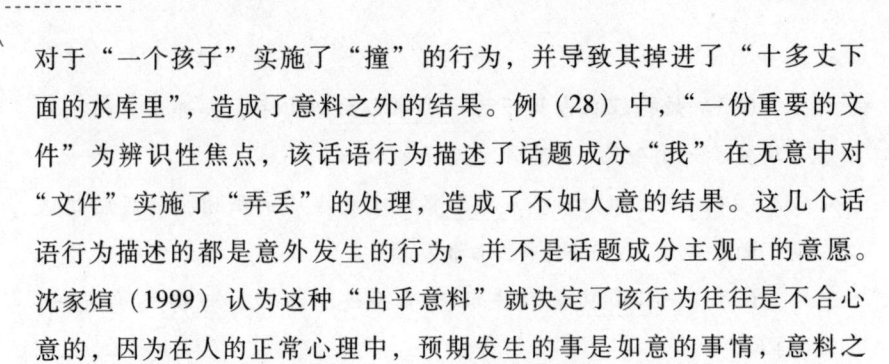

对于"一个孩子"实施了"撞"的行为,并导致其掉进了"十多丈下面的水库里",造成了意料之外的结果。例(28)中,"一份重要的文件"为辨识性焦点,该话语行为描述了话题成分"我"在无意中对"文件"实施了"弄丢"的处理,造成了不如人意的结果。这几个话语行为描述的都是意外发生的行为,并不是话题成分主观上的意愿。沈家煊(1999)认为这种"出乎意料"就决定了该行为往往是不合心意的,因为在人的正常心理中,预期发生的事是如意的事情,意料之外的则是"不该发生的事情",自然是不如意的。

3.2.5.2 突显焦点"一量名"子行为

在突显焦点"一量名"子行为的情况下,说话人的目的仅在于使得受话人的关注重点转移到焦点成分上,而不是话语行为中的其他子行为之上,这种情况下已知话题信息对于焦点成分的影响并不是说话人需要受话人辨识的主要信息,作为焦点的"一量名"子行为才是。例如:

(29)<u>一条通往南宁市的高速公路</u>已在兴建之中。

在(29)这个话语行为中,指称子行为"一条通往南宁市的高速公路"是话语行为的辨识性焦点,是说话人想要突显的信息。

3.2.5.3 "一量名"辨识性焦点话语行为的信息前景化

无论是哪一种情况,不定指"一量名"所在的辨识性焦点话语行为都反映了一种背景信息的前景化(Foregrounding),即"有一定动因的突显"(韩礼德,1985)。Hopper & Thompson(1980)在其及物性理论中,提及了"前景—背景"信息的概念。前景信息是指与话语行为或者语段整体"更为相关的信息",为话语提供要点性交际内容的信息;背景信息是指对说话人主要交际意图的实现不起关键性作用,而是起到注释、强化、辅助功能的信息,背景信息对于前景信息有衬托的作用。根据这个定义,在前面几种话语框架中,当"一量名"在语段中作为话题成分出现时,其所代表的应当是前景(Foreground)信息,而作为非话题成分出现时,其所代表的应当是背景(Background)信息。

但当"一量名"作为焦点出现在辨识性焦点话语行为之中时,情况却有所不同。前面已经提过,辨识性焦点话语行为也同样区分话题和述题层面,而"一量名"往往是位于述题层面,作为话题的补充性信息出现,按理说,应当属于背景信息。但该话语行为的主要意图是想要受话人去辨识"一量名"所代表的焦点信息,因此会有目的地对这个焦点进行突显,使其从背景信息转化为前景信息,实现了前景化。例如:

(30)她将埋在杏树下的<u>一小罐白面</u>刨出来,去邻居家借了三个鸡蛋、一小碗油,就忙碌着给儿子做葱花鸡蛋油饼。(莫言《儿子的敌人》)

这里的"一小罐白面"是被话语行为突显的辨识性焦点,这种信息的前景化从侧面反映了说话人的一些隐性意图。其实是想在语境中突出,当时物质匮乏的条件下,"一小罐白面"是非常难得的,这一点从"埋"这个词也可以看出。因此这里将这一非话题信息重点突显出来,希望受话人特别识别这一信息。

在"一量名"所在辨识性焦点话语行为中,信息的前景化会借助一定的句法表达手段来进行,主要表现为句法"提升",关于这一点我们将在句法层面进行详细的探讨。

3.3 表征层面的不定指"一量名"

3.3.1 不定指"一量名"所在的 SoA 类型

在第二章中,我们已经提到,表征层面以事件状态(State of Affairs,以下简称 SoA)作为基本分析单位。在表征层面中,不定指"一量名"代表的是一个语义实体（Semantic Entity）❶，而语义实体必然存在于某种类型的事件状态中，不定指"一量名"所在的 SoA 类型主要有如下几种：①存在性 SoA；②二价述谓动态型 SoA；③一价述谓非动态型 SoA；④担任 SoA 的修饰语。

3.3.2　存在性 SoA 中不定指"一量名"的语义表征

存在性 SoA（Existential SoA）是 SoAs 中的一种，这类 SoA 没有动词成分，或者只有一个假位动词（Dummy Verb），例如"有""出现"等。从人际和表征层面来看，这种假位动词缺乏人际和表征功能，因此仅被放在句法层面分析，此处暂且不表。

不定指"一量名"所在的存在性 SoA 的主要表征特点是标示"一量名"所指语义实体的存在性，表示在某种时空环境下，存在这样一个语义实体。从"一量名"的表征类型上看，多为指称一阶实体和二阶实体的情况，也有指称地点实体的情况。

3.3.2.1　"一量名"指称对象为一阶实体

存在性 SoA 中，不定指"一量名"用于表示一阶实体的情况是最为常见的。这时，"一量名"指称的对象可以是人，也可以是动植物、无生事物。

从"一量名"的类型来看，如果存在性 SoA 的整个命题内容和"一量名"所指实体存在直接关联，则一般来说该"一量名"应当是特指性的，并且反映在人际层面中，"一量名"指称的实体通常为话题对象，代表着前景信息。若存在性 SoA 的整个命题内容与"一量名"所指实体并无直接相关性，则常常是泛指性的，反映到话语行为中，代表着背景信息。例如：

（31）有<u>一种热带兰花</u>，外形长得很像雌性的野蜜蜂，它能散

---

❶ 关于功能话语语法中语义实体的具体类型及特点，详见 2.3.1.1。此处及下文均沿用 2.3.1.1 中的语义分类标准，不再重复说明。

发出一种酷似母蜂气味的特殊的芳香,来引诱雄蜂,雄蜂一旦款款飞来,花粉便会粘住它的头部。(《中国儿童百科全书》)

(32) 盖州西门里面有<u>一个姓满的父子</u>,有一身的拳脚功夫,父子两人长得奇矮。老头名叫满小脚,儿子满小手。(李文澄《努尔哈赤》)

(33) 二层楼的阳台上,挂着<u>一个长长的隔帘</u>,灯关闭的时候,他们偶尔从窥视中看见一个宽大的身影穿帘而过……(CCL语料库)

上三例中的"一量名"都是用于表示一阶实体,分别是表植物、表人、表示无生事物的一阶实体。从可辨识度来看,例(31)中的"一种热带兰花"与命题内容是有直接关联的,整个命题都是在描写它的特征,说话人自身对这一实体有所了解,是特指性的"一量名",并且说话人也希望受话人进一步识别这一语义实体的,因此可辨识度相对高一些。例(32)也是如此。"一个姓满的父子"与 SoA 整体的命题内容有关,命题内容描述了"父子"的身高、能力、姓名等方面的特征,说明说话人对该表人实体较了解,是可辨识度较高的特指"一量名"。例(33)中的"一个长长的隔帘"则可辨识度不高,说话人很可能也只能识别"隔帘"具有"长长"的特征,具体是什么样的"隔帘"并不清楚,也不需要自身和受话人识别清楚,因为命题内容的重点在于"他们"能在"隔帘"后看到什么。

3.3.2.2 "一量名"指称对象为二阶实体

当不定指"一量名"用来表示二阶实体时,"一量名"表征的是一个事件状态。从可辨识度上来看,该事件状态可能是说话人自己也不识别的泛指性对象;而就算说话人对"一量名"所指的该事件对象有一定的了解,也没有要进一步在命题内容中提及更多的意图,而是想借这个事件状态,去引出其他事件状态,因此多数情况下,也并不需要受话人进一步识别该语义实体,反映到人际层面上,属于背景信息。例如:

(34) 尹桂良去找县里领导，经多方联系，他被安排在某机关看门。然而，不久，机关发生了一起盗窃案，于是毫无警卫能力的尹桂良被解雇回家。(1994年《报刊精选》)

(35) 有的国家元首或高级官员不止一次地为民众奉献自己的热血。1989年元月，孟加拉国发生了一次重大的火车相撞车祸，死伤1,100多人，孟总统艾尔沙德带头献血。尼泊尔国王马亨德拉1964年无偿献血，王后到1981年已献血6次，该国已在1982年就实行了无偿献血制度。(1994年《报刊精选》)

例(34)中，存在性SoA用来表示存在"一起盗窃案"这样一个事件状态，"一量名"属于二阶实体。但命题内容中却没有提及与该事件状态相关的信息，该事件状态是说话人不曾识别也不认为有必要识别的"一起盗窃案"，因为整个命题内容的重点在于"尹桂良"的经历而不是"盗窃案"这一事件的存在性。例(35)中，说话人虽然针对事件状态"一次重大的火车相撞车祸"进行了一个简单的描述，说明事故"死伤1,100多人"，但命题内容的重点在于"国家元首""献血"这一事件状态，"一量名"所指语义实体的可辨识度较低。

3.3.2.3 "一量名"指称对象为地点实体

不定指"一量名"在存在性SoA中，有时候还能表示地点实体。这时候，"一量名"所指称的地点实体一般是说话人不可辨识或并不熟悉的对象，反映在人际上，该地点实体往往为背景信息。例如：

(36) 一会儿，林中出现了一块平坦的开阔地，中央是一座蒙古包和一排砖瓦房，给人以"柳暗花明又一村"的惬意。(1994年《人民日报》)

例(36)中，说话人的目的是要说明"林中"这一地点的主要环境特征，"一量名"所指称的地点实体都是存在于该环境中的事物，属于背景信息。同时，根据语境可以看出，这里提到的几个地点实体都是说话人首次接触到的事物，对说话人来说辨识度很低，可以看成泛指性的对象。

3.3.3 二价述谓动态型 SoA 中不定指"一量名"的语义表征

二价述谓动态型 SoA（Dymanic Two-place SoA）是指包括 VP 和两个论元的动态型事件状态。动态型事件状态（SoA）是指需要能量输入（Input of Energy）的事件状态，例如动作行为（actions）或者流程（processes）。这种能量输入可以是由施事者向受事者流动，引起受事者在某些方面的变化（例如状态的变化、位置的变化等），也可以是从外部流向受事者。

在二价述谓动态型 SoA 中，不定指"一量名"既可以是施事角色（actor），也可以是受事角色（undergoer），还可以是定位角色（locative）。这里的语义角色是 FDG 在表征层面所划分出来的重新分类。在 FDG 的理论中，施事角色（actor）包括施事（agent）、外力（force），即所有在 SoA 中处于主动（active）地位的语义角色；受事角色（undergoer）包括受事（patient）、客体（theme）、经验者（experiencer），即所有在 SoA 中处于被动（passive）地位的语义角色；将除了施事和受事之外的语义角色都看成是定位角色，主要的表征功能是定位事件状态。例如，受益者（beneficiary）、工具（instrument）、处所（location）、目标（goal）等角色，都可以看作是对 SoA 的定位。

3.3.3.1 充当施事角色的不定指"一量名"

不定指"一量名"充当施事角色时，其语义实体类型可以是一阶实体、二阶实体，还有地点实体。例如：

(37) 有<u>一个记者</u>问我，你的照片到处都是，你感觉如何。（姚明《我的世界我的梦》）

(38) <u>一条狭长而不平的街道</u>贯通全镇,街道两旁的民房破旧肮脏。(2000年《人民日报》)

(39) <u>一场意外的大火</u>把吴厚斌烧得面目全非,险些丧命。(1996年《人民日报》)

(40) 孔子年轻时很穷,五十岁时进入了鲁国政府,后来做了高官。<u>一场政治阴谋</u>逼他下台,离乡背井。

例(37)中,"一个记者"指称表人一阶实体,是SoA的施事角色,这里的能量流动由"一个记者"流向受事角色"我",VP为"问";例(38)中,"一条狭长而不平的街道"指称地点实体,同样作为能量输入的来源,即施事角色出现。

在例(39)中,"一场意外的大火"指称的是二阶事件状态,表征的是发生"大火"这样一个"意外"的事件,而不是单纯的指"火"这个事物。例(40)中的"一场政治阴谋"并不是仅指"阴谋"这一命题内容,实际上指称的是一个"阴谋"性事件,是发生在一定的时空中的事件状态,因此这里我们也认为该"一量名"指称的是二阶实体。此处,"一场意外的大火""一场政治阴谋"作为二阶实体,虽然不是严格意义上的"施事(agent)",但是是一种外力(force),因此在表征层面中仍被视为施事角色(actor)。

3.3.3.2 充当受事角色的不定指"一量名"

不定指"一量名"充当受事角色时,其语义实体类型是比较多样的,可以是零阶、一阶、三阶、地点实体。

(41) 他把红色和蓝色、紫色混合在一起,调出了<u>一种全新的颜色</u>。(零阶属性)

(42) 小桃身披重孝,腰里扎着<u>一根麻辫子</u>,头上顶着<u>一块折叠成三角形的白布</u>,手里拖着<u>一根新鲜的柳木棍子</u>。(一阶指物)

(43) <u>一个女孩</u>被一名男子掳走,而那男子的容貌与苏丝所叙述的很相吻合。(一阶指人)

（44）江兵连夜赶稿，写出了一篇有深度的新闻，发表在第二日的晨报上。（三阶实体）

（45）他和好朋友一起修了一栋大别墅。（地点实体）

3.3.3.3 充当定位角色的不定指"一量名"

不定指"一量名"充当定位角色时，主要表示的语义实体类型是一阶实体，还有表时间、地点的实体。其主要的表征功能是可以表示受益者、工具、处所、时间这几种情况。例如：

（46）梅太太把米粉加上白糖和在一起，用一个银锭形的木模子做成糕。（张清平《林徽因》）

（47）他很快帮一位台湾商人联系通过中国五矿进出口公司向中国输入西非锰矿砂。（1994年《报刊精选》）

（48）1987年，陈发树又用刚买下的房子做担保，买了一部三轮摩托车，和两个弟弟一起开始帮一家小店拉货。

（49）我们的球员不得不围着球场转了一个小时，等待比赛的开始。（新华社2004年8月份新闻报道）

（50）几天后，王局长特地抽了时间，陪母亲上街溜达。走着走着，他把母亲带进了一个牙医诊所。（《母亲的牙齿》，选自《故事会》）

从上面几例来看，例（46）"一个银锭形的木模子"的表征功能是定位与动作"做"相关的工具（instrument），这种情况"一量名"语义实体类型一般都是一阶实体，并且以表无生事物的一阶实体为主。例（47）、（48）中的"一位台湾商人""一家小店"均表征动作的受益者（beneficiary），其中前者是表人的一阶实体，后者是表地点的一阶实体。例（49）中的"一个小时"的表征功能是表示动作行为的持续时间，例（50）中"一个牙医诊所"的表征功能是表示动作行为的趋向地点。

3.3.4 一价述谓动态型 SoA 中不定指"一量名"的语义表征

一阶述谓动态型 SoA（Dymanic Two-place SoA）是指包括动词和单个论元的动态型事件状态。这种情况下的"一量名"所代表的语义角色一般来说就是施事或受事。在这种 SoA 中，也存在能量的输入。当"一量名"为施事角色时，则这种能量流动由"一量名"语义实体向该动作行为流动；当"一量名"为受事角色时，则这种能量来源于外部世界，流向"一量名"语义实体，引起其状态上的变化。

3.3.4.1 充当施事角色的不定指"一量名"

不定指"一量名"在一价述谓动态型 SoA 中充当施事角色时，主要是表人、表有生事物的一阶实体，还可以是表示事件的二阶实体。例如：

（51）<u>一个腰扎皮带、斜背挎包、乌黑的头发从军帽里漏出来的女卫生员</u>，从后边匆匆跑上来，大声批评着：怎么搞的？（莫言《儿子的敌人》）

（52）阳光灿烂，<u>一只白鸽</u>从墙上的圣母像前飞过。（《作家文摘》1997）

（53）<u>一场抗击荷兰殖民者的独立战争</u>开始了。（张剑《世界100位富豪发迹史》）

例（51）中的"一量名"是表人的一阶实体，例（52）中的"一只白鸽"是表有生事物的一阶实体，例（53）中的"一场抗击荷兰殖民者的独立战争"为表事件状态的二阶实体。

3.3.4.2 充当受事角色的不定指"一量名"

不定指"一量名"在一价述谓动态型 SoA 中充当受事角色时，可以是一阶实体、二阶实体，还有地点实体。例如：

(54) <u>一条通往南宁市的高速公路</u>已在兴建之中。

(55) 经协商，北京飞机维修公司决定自己及时修复飞机。<u>一场紧急抢修的战斗</u>打响了。(《市场报》1994年)

(56) 22时30分，管道又发生第二次爆炸，紧急情况部<u>一名工作人员</u>被烧伤。(新华社2004年12月份新闻报道)

例(54)、(55)、(56)中的"一量名"分别表示地点、二阶、一阶实体。

3.3.5 不定指"一量名"作为 SoA 修饰语的语义表征

不定指"一量名"有时候也可以不位于 SoA 之中，而仅仅作为 SoA 整体的修饰语出现。Hengeveld & Mackenzie (2008) 提出，SoA 的修饰语分以下几个类型：①出现的地点（place of occurence）；②出现的相关时间（relative time of occurence）；③出现的频率（frequency of occurence）；④持久性（duration）；⑤真实状态（reality status）；⑥起因（cause）；⑦目的（purpose）。

不定指"一量名"作为 SoA 修饰语，所包含的类型较为丰富，可以用来表示 SoA 出现的地点、出现的时间、起因、目的等情况。在这种情况下，不定指"一量名"的可辨识度都是较低的，说话人通常不需要受话人从整个命题中识别"一量名"所示语义实体的具体内容，或者确切的所指，只需要了解该 SoA 发生的大致时间、地点范围，或者是大概的动因和目的即可。

3.3.5.1 不定指"一量名"为表地点的 SoA 修饰语

不定指"一量名"为地点修饰语的时候，用来明示其所在事件状态（SoA）发生的具体地点，表现在语义类型上，即指称表地点的地点语义实体。例如：

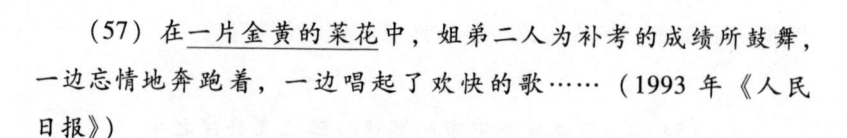

(57) 在一片金黄的菜花中，姐弟二人为补考的成绩所鼓舞，一边忘情地奔跑着，一边唱起了欢快的歌……（1993 年《人民日报》）

该例中，"一片金黄的菜花"是与整个事件状态相关的地点，"一量名"不位于事件状态的命题内容之中，而是描述该事件状态发生的地点、场所。

3.3.5.2 不定指"一量名"为表时间的 SoA 修饰语

不定指"一量名"为时间修饰语的时候，表示的是其所在事件状态（SoA）发生的具体时间，一般来说是时间段而非确切的时间点，表现在语义类型上，即指称表时间的时间语义实体。例如：

(58) 有一个星期天，我看着爷爷一个人坐在床沿上，就对他说："爷爷，我给您买个拐杖吧？"爷爷笑了，他说："不用买了，这把木尺挺好。唉，老了。活不了几年了。"（1995 年《人民日报》）

该例中，"一个星期天"是整个事件状态发生的具体时间，"一量名"仅仅描述该事件状态所处的时间段，而不在事件状态的命题内容之中，不是其具体谈论的对象。

3.3.5.3 不定指"一量名"为表动因的 SoA 修饰语

不定指"一量名"为动因修饰语的时候，主要是体现事件状态（SoA）发生的前提和原因，表示的是整个事件状态的原因并非事件状态中某个语义实体的原因。此时"一量名"所示语义实体类型通常是二阶和三阶实体，与消息、事件等有关。例如：

(59) 南非中央银行随后发表声明说："因为一个安全警报，位于比勒陀利亚的南非（中央）银行总部临时疏散了约一个小时。

现在安全警报已经完全解除,所有员工返回大楼,所有设施和系统运作正常。"(新华社 2004 年 9 月份新闻报道)

(60)念完初中的那年,因为<u>一场家庭变故</u>,我不得不含泪离开心爱的教室。(1994 年《人民日报》)

例(59)的"一个安全警报"为表示消息的三阶实体,例(60)中的"一场家庭变故"为表示事件的二阶实体,此时都是 SoA 的修饰语而非参与者,用来描述该事件状态发生的动因(motivation)。

3.3.5.4 不定指"一量名"为表目的 SoA 修饰语

不定指"一量名"为目的修饰语的时候,主要是描述该事件状态(SoA)发生所反映的的参与者目的,但该目的与整个事件状态都是息息相关的,因此可以看作该事件状态的修饰语。此时"一量名"所示语义实体类型也一般为二阶和三阶实体。例如:

(61)1990 年,为了<u>一个新的项目</u>,一家合资伙伴与盛孝基发生争执,盛孝基拍案而起据理力争、寸步不让,最终硬是"拍"服了对方,取得了成功。(1994 年《报刊精选》)

(62)有时为了<u>一个小问题</u>,生活中相敬如宾的他们,却争论激烈,互不相让。(2000 年《人民日报》)

例(61)中的"一个新的项目"为二阶实体,例(62)中"一个小问题"为三阶实体,二者都是表示事件状态的主要参与者的目的。

3.4 句法层面的不定指"一量名"

在句法层面,不定指"一量名"可以出现在如下几种小句框架(clause frames)中:①呈现句;②二价述谓小句;③一价述谓小句;

④辨识性提升小句。在不同的小句框架中,"一量名"的句法排列、句法功能也会有所不同,并反映出不同的人际和表征特点。

3.4.1 呈现句中不定指"一量名"的句法特征

3.4.1.1 呈现句的基本结构及"一量名"的位置

在受话人的知识背景中引入一个"一量名"指称的新对象,并将其作为话语行为的话题和焦点,然后在表征上为它赋予一定的语义特征,这个构建过程反映在句法层面上,就表现为一个包含不定指"一量名"的呈现句。在这种呈现句结构中,一般包括三个组成部分:情景成分(表示已知的时间或地点)、假位谓语动词、"一量名"。其中,情景成分用于交代话语参与者所处的时空背景环境;假位谓语动词(dummy verbs)不体现确切的人际和表征功能,只用来表示"一量名"的呈现情况;"一量名"的指称对象是最大信息量。具体例如:"广场上有<u>一群鸽子</u>。"

呈现句结构之中的不定指"一量名"成分通常位于句末位置(Clause-final Position),一般也是重音所在,在句法层面使用变量 P^F 表示。情景成分被置于句首位置(Clause-initial Position,用变量 P^I 表示),假位谓语动词(VP)位于句中位置(Clause-middle Position),用变量 P^M 表示。按照这一基本排列,不定指"一量名"所在呈现句的框架如下:

情景成分(时间/地点) + VP + "一量名"
| P^I P^M P^F |

3.4.1.2 不定指"一量名"所在呈现句的句法特征

"一量名"所在呈现句旨在引出一个新对象,而引出这个新的指称对象,在呈现句中具体表现为描写其存在性或呈现性。存在性即描述"一量名"指称对象在某一时间或空间范围内的存在情况,呈现性即描写其呈现的状态,无论是哪种情况,都与该呈现句中的假位成分有很大的关系。

不定指"一量名"所在呈现句在句法层面最明显的特征就是这种假位成分（Dummy Element）的使用，集中表现在假位动词的使用。在 FDG 中，假位成分在人际和表征层面没有与之对应的特定单位，在这两个层面不予处理。这是因为假位成分是语言中的一种功能性成分（functional element），不用于实现特定的语用或者语义功能。

在呈现句之中，假位动词的出现可以被解释为是由语言内部压力（Language Internal Pressures）造成的结果。呈现句的主要人际目的是在情景成分的基础之上，引出不定指"一量名"所指称的实体对象，这就使得该句型出现一个强烈的倾向性，即需要一个动词（VP）将情景成分（表示已知的时间或地点）与"一量名"联系起来，在这种情况下动词的空位（position）就可以由假位成分来填补。

不定指"一量名"所在的呈现句之中，假位动词的情况主要是如下几种：

（一）表示"一量名"对象的存现情况。这种呈现句所反映的"一量名"存在是相对静态的，往往是本来就存在于该时空中的实体，在这种呈现句中，最常见的假位成分是"存在""有"。例如：

(63) a. 如今的北京，确实存在一个"求租"群。（1994 年《报刊精选》）
b. 村子里有一个水电站。

除了"存在"和"有"这两个典型的假位动词之外，还有一种带有静态意义的动词。关于这类假位动词，许明（2011）作了一个详细的分类，具体来说是这几种：（1）表示姿势的动词（Posture Verb），例如"躺""站""坐"；（2）表示状态的动词（Stative Verb），例如"留""停"；（3）使役性动词（Causative Verb），例如"贴""挂""放""摆""插"等。这几类动词都是用于描述实体的静态存在，常与强调持续性和强调完成度的小品词"着""了"连用，组成呈现句中的假位成分。例如：

(64) a. 河对岸坐着一个小孩。
b. 门口停了一辆小轿车。
c. 墙上挂了一副对联，桌上摆着一台留声机。

（二）表示"一量名"对象从无到有的呈现状态的假位动词，如出现、呈现、发生等。这种情况下，"一量名"所指称对象并非是完全静态的存在，而是从不存在到存在。例如：

(65) a. 2016年上半年，我国出现了一次大规模的人口迁移。
b. 天边呈现出一轮美丽的红日。
c. 在这个煤矿里发生过一次事故，但很快被平息了。

（三）有时候这种呈现句也可能不带假位动词，这种情况较少。

(66) 她扎着两根小辫子，辫梢用红头绳扎着，双手撑地，双脚朝天，露着小肚皮，在舞台上转了一圈又一圈，舞台下一片掌声……（莫言《倒立》）

3.4.1.3 "一量名"所在呈现句所反映的人际和表征特征

"一量名"所在呈现句在人际层面反映为一个话题为焦点的一般性内容框架，说话人引入该"一量名"作为该话语行为的话题和焦点，并在语段中担任全局或局部话题，或者为语段提供背景信息；在表征层面反映为一个存在性的 SoA，昭示实体的存在，"一量名"可以表征一阶、二阶、地点实体。

这里需要说明的是，虽然"一量名"所在呈现句在人际上反映了一个一般性内容框架，但实际上该呈现小句的排列与其在人际层面的功能并不完全一一对应，具有非透明性（Non-Transparency）。我们可以来看看如下这个具体事例的表达式。

(67) 河对岸坐着一个小孩。

IL：C₁：{FocTop₁ [(–id R₁ (一个小孩)]} (T₁：河对岸))

ML：Cl₁：[Advp₁：(河对岸) Vp₁：(坐着) Np₁：(一个小孩)]

可以看到，"一量名"所在的呈现小句 Cl₁ 在人际层面（IL）反映为一项交际内容 C₁。在 C₁ 中，"一个小孩"是一个指称性子行为 R₁，–id 表示不可辨识，这个 R₁ 是整个话语行为的话题兼焦点（FocTop₁），而反映到句法层面，这一焦点信息却被放在句末 Np₁ 的位置，在它前面的句中位置也被假位动词（Vp₁）"坐着"所占据；反而是"河对岸"这个归属性子行为（T₁），在 C₁ 中作为已知的情景信息，并非说话人的重点，句法上却被置于句首（Advp₁）。

显然，在上述例子中，"一量名"所在呈现句的句法排列与人际功能不相符，是一种由句法功能所决定的排列，即句法功能性排列（Syntactic Function Alignment），或简称为句法性排列。所谓句法性排列，就是说小句成分的位置和组建不能从语用或语义的角度来进行解释，而是由于句法原因造成的。在这里，人际层的话题兼焦点成分（FocTop₁）在该层面本该放在首位，但在句法层却被放在句末的位置，主要是因为不定指"一量名"本身标示的是一个全新的信息，如果不涉及语境已知成分，则显得过于突兀，也会造成受话人的困惑，不利于话语理解，因此句首需要一个已知信息。而假位成分则起到了一个连接作用，被放在句中，"一量名"的位置自然又往后推了一位，形成了 ML 层中我们所看到的句法排列形式。

3.4.2　二价述谓小句中不定指"一量名"的句法特征

在二价述谓小句中，不定指"一量名"短语可以有不同的句法位置，总的来说，主要存在于句首、句中、句末、语前这四个位置，根据其所在位置的不同，小句的句法框架也有所差别，反映在人际和表征层面，可以体现不同的人际和表征特征。

3.4.2.1　"一量名"位于句首位置

不定指"一量名"位于句首位置时，所在的二价述谓小句在人际层面相当于一个一般性话语行为，说话人引入该指称对象，是为了叙述一个全新的述题，"一量名"是述题的核心成分；反映到表征层面上，该述谓结构相当于一个二价述谓动态型SoA，句首的"一量名"被赋予施事（actor）的语义角色，可以是一阶、二阶、地点实体。从句法上来看，句首"一量名"所处的二价述谓小句包括："一量名"、动词、另一个做动元的NP；总的来说，这类句法框架主要排列方式如下。❶

"一量名（施事）" +动词+ NP
| P^I P^M P^F |

此时，施事"一量名"被放在句首位置，记为 P^I，动词成分位于句中位置（P^M），受事宾语NP位于句末位置（P^F），这是一种比较典型的二价述谓小句的排列，这种排列与人际、功能层的排列基本是一一对应的，属于相对透明（transparent）的排列方式，即在句法层面上的排列与表征、人际功能是对应的。我们可以通过一个具体例子来看：

(68) 一个男孩（A）踢倒了一把椅子（U）。
IL: C_1: {FocCm$_1$ [(T_1: 踢倒) (R_1: 一个男孩) (R_2: 一把椅子)]}
RL: e_1: [x_1: (一个男孩)$_A$ f_1: (踢倒) x_2: (一把椅子)$_U$]
ML: Cl_1: [Np_1: (一个男孩)$_{Subj}$ Vp_1: (踢倒) Gw_1: (了) Np_2: (一把椅子)$_{Obj}$]

在该表达式中，二价述谓小句（Cl_1）在人际和表征上分别对应述题为焦点（FocCm$_1$）的话语行为 C_1 和事件状态 e_1。其中，NP 成分（Np_1、Np_2）在人际层面对应两个指称子行为 R_1、R_2，在表征层面对应两个一阶实体 x_1、x_2，主语（Subj）、宾语（Obj）与施事（A）、受事角色（U）也是相对应的。而动词成分（Vp_1）在人际层面对应归属

---

❶ 这里的排列方式只是一种原型（primitive）排列，主要以与"一量名"直接相关的动词和论元的排列为主，不考虑其他定位角色（locative roles）的排列，特此说明。

性子行为 T_1，在表征层面对应零阶实体 f_1，为表示属性的动词成分。"了"作为表动作完成的语法词（Gw_1），仅在句法层面被处理。可以看出，这里句法排列基本与上两个层面相对应，是一种符合功能稳定性、域完整性的典型性排列。在后文中我们还会讨论这种句式的另一种变换形式，即辨识性提升小句，与当前小句在表征层的特征相同，但却由于人际动因，产生了不同的排列。

3.4.2.2 "一量名"位于句中位置

不定指"一量名"位于句中位置时，所在的二价述谓小句反映的是一个述题为焦点的话题性话语行为，"一量名"位于述题之中，并不是述题的核心信息，说话人引入"一量名"所指对象，是为了补充与话题成分的次要动作行为涉及对象的相关信息，或者是为了为话题所处的状态补充相关信息。反映到表征层面上，前一种情况的"一量名"是二价述谓 SoA 中的定位角色，例如："她用<u>一把钥匙</u>打开了门"。后一种情况为该类 SoA 中的受事角色，例如："他端着<u>一杯酒</u>走了过来。"

在"一量名"为定位角色的情况下，其所处二价述谓小句包括：NP 主语、介词成分、介宾"一量名"、述谓结构。其中 NP 主语位于句首（P^I），介词成分与"一量名"联系紧密，共同位于句中（P^{M-1}、P^M），述谓结构位于句末位置（P^F）。据此，其句法排列如下：

NP 主语 + 介词 + 介宾"一量名" + 述谓结构
| P^I P^{M-1} P^M P^F |

在"一量名"为受事角色的情况下，为了表示一种状态的持续，与"一量名"直接相关的动词（记为 VP_1）后通常会加上持续标记"着"或完成标记"了"，在这里也被分析为假位（dummy）的语法词。例如：因此该二价述谓小句包括：NP 主语、VP、假位语法词（记为 Gw，意为 grammatical word）、作为 VP 宾语的"一量名"、述谓结构。其中 NP 主语位于句首，VP、Gw 与"一量名"共同位于句中（P^{M-2}、P^{M-1}、P^M），述谓结构位于句末位置（P^F）。据此，其句法排列如下：

NP 主语 + VP + Gw + "一量名"（VP 宾语）+ 述谓结构

| P^I　　$P^{M-2}\ P^{M-1}$　　　　P^M　　　　　P^F |

3.4.2.3 "一量名"位于句末位置

不定指"一量名"位于句末位置时,其二价述谓小句同样反映了一个述题为焦点的话题性话语行为,"一量名"是述题的核心内容,说话人引入该对象,是为了补充与主要动作相关的信息,可以是主要动作行为的直接对象,也可以是与话题动作行为的时间地点有关的信息。反映在表征层面上,前者为受事角色,例如:"他打了<u>一个经纪人</u>。"后者属于与时间、地点有关的定位角色,具体例如:"他走进了<u>一座大楼</u>。"这两种情况下,"一量名"的句法位置相同,都可以被放在句末位置。其排列均为:

NP 主语 + VP + "一量名"(补语/宾语)

| P^I　　P^M　　　P^F |

尽管这两种情况下,"一量名"的句法位置是相同的,但由于其语义表征的不同,在句法上的功能也不同。当"一量名"在表征层面为受事角色(U)时,在句法层上被分析为宾语(Obj);而当"一量名"在表征层面为定位角色(L)时,则被分析为补语(Compl)。

(69) a. 他打了<u>一个经纪人</u>。
　　　　RL:　　　U
　　　　ML:　　　Obj
　　　b. 他走进了<u>一座大楼</u>。
　　　　RL:　　　L
　　　　ML:　　　Compl

在上两例中,"一量名"的句法功能有所不同,主要是由于在表征层两例中的"一量名"所担任的语义角色有所不同,a 例中的"一个经纪人"被分析为宾语(Obj),用来描述动作的直接对象,为受事角色;而 b 例的"一座大楼"则被分析为补语(Compl),用来描述动作的趋向位置。

3.4.2.4 "一量名"位于语前位置

不定指"一量名"位于语前位置时,与二价述谓小句的内部排列并没有太大的关系,只是作为该结构的状语成分,放在整个小句之前的位置。从人际上来看,这时的"一量名"出现在一个话题为焦点的一般性话语行为中,其目的是为下文提供与时间、地点、原因、目的相关的背景信息。从表征来看,"一量名"作为整个 SoA 的修饰语存在,所示语义实体类型通常为时间实体、地点实体、二阶实体、三阶实体。

在这种情况下,不定指"一量名"在二价述谓小句中的句法排列情况如下:

"一量名(状语)" +小句(Clause)
　　P^{pre}　　　| P^I　P^M　P^F |

具体来说,例如:

(70) 一个星期之前,我拜访了张先生。
　　　P^{pre}　　　| P^I　P^M　P^F |

3.4.3 一价述谓小句中不定指"一量名"的句法特征

在一价述谓小句中,不定指"一量名"的主要位置是放在句首,在人际层面反映的是一个一般性的话语行为,"一量名"存在于述题中并是述题的核心成分。在表征层面中不定指"一量名"可以是一价述谓 SoA 中的施事角色,主要表示一阶实体、二阶实体。受事角色的不定指"一量名"其实也可以放在句首,反映一种句法提升,将在下一小节中讨论。

具体来说,施事"一量名"所在的一价述谓小句主要由两部分组成:"一量名"主语和述谓结构。例如:"一个男人离开了。"其排列也相对简单:

"一量名(主语)" +述谓结构
| 　P^I　　　　　P^M　P^F |

3.4.4 辨识性提升小句中不定指"一量名"的句法特征

辨识性提升小句反映在人际层面就是一个辨识性焦点的话语行为，主要的交际意图是对于末尾焦点的提前和突显。该小句在表征层面没有与之完全对应的 SoA，二价述谓 SoA 和一价述谓 SoA 中的焦点"一量名"都有可能被作为辨识性焦点，得到一种句法上的提升。

在 FDG 的概念中，提升（raising）是指这样一个流程：在语义上处于从属地位的角色，句法上可能被提升到一个重要位置，或者是相对显著的位置。这种提升可能与人际、表征、句法等单方面或多方面的因素有关。

就不定指"一量名"所在的辨识性小句而言，主要是两种情况，一种是原本处于二价述谓小句中的受事角色被提升到了句中位置，这时候需要用到一个假位成分"把"，其提升方式是将宾语提至谓词前位置（pre-verb position），记为小句框架Ⅰ。例如："她碰倒了<u>一个碟子</u>。→她把<u>一个碟子</u>碰倒了。"另一种是一价和二阶述谓结构中的受事角色被提升到了句首位置，这时候可能会有一个假位成分"被"，但这个"被"在一价的情况下有时候是可省的。这在 FDG 中是一种"宾语—至—主语（Object-to-Subject）"的提升方式，记为小句框架Ⅱ。例如：①她打碎了<u>一个碟子</u>（二价述谓）。→<u>一个碟子</u>被她打碎了。②这附近正在修建<u>一条公路</u>（一价述谓）。→这附近有<u>一条公路</u>正在修建。这两种情况的原型排列顺序大致如下：

不定指"一量名"所在的小句框架Ⅰ：

NP 主语 ＋ 把 ＋ "一量名"（受事） ＋ 述谓结构

｜ P_1^I P_1^{M-1} P_1^M P_1^F ｜

不定指"一量名"所在的小句框架Ⅱ：

"一量名"（受事） ＋ （被） ＋ （NP 动元） ＋ 述谓结构

｜ P_2^I P_2^{M-1} P_2^M P_2^F ｜

为了方便说明，我们选用 3.3.3.1 中提到的例子，来看辨识性提升小句与二价述谓小句的主要区别。如下：

(71) a. 一个男孩踢倒了一把椅子。

IL: C$_1$: {Foc Cm$_1$ [(R$_1$: 一个男孩) (T$_1$: 踢倒) (R$_2$: 一把椅子)]}

RL: e$_1$: [x$_1$: (一个男孩)$_A$ f$_1$: (踢倒) x$_2$: (一把椅子)$_U$]

ML: Cl$_1$: [Np$_1$: (一个男孩)$_{Subj}$ Vp$_1$: (踢倒) Gw$_1$: (了) Np$_2$: (一把椅子)$_{Obj}$]

b. 一个男孩把一把椅子踢倒了。

IL: C$_1$: { (Cm$_1$: [[R$_1$: 一个男孩] (Foc [R$_2$: 一把椅子]) (T$_1$: 踢倒)]}

RL: e$_1$: [x$_1$: (一个男孩)$_A$ f$_1$: (踢倒) x$_2$: (一把椅子)$_U$]

ML: Cl$_1$: [Np$_1$: (一个男孩)$_{Subj}$ Gw$_1$: (把) Np$_2$: (一把椅子)$_{Obj}$ Vp$_1$: (踢倒) Gw$_2$: (了)]

我们可以看到，以上三例中，b 是 a 发生句法内部移位后的情况。

有一点很明显的是，这两个例子在表征层面（RL）是完全相同的，即无论哪种句法排列，"一个男孩"和"一把椅子"施事（A）、受事（U）的语义地位是不改变的，且语义实体类型也不会发生改变。那么，造成 b 与 a 句在句法排列上差异，以及"一量名"句法位置提前的原因究竟是什么？

其一，最直接的原因是由于假位成分"把"的介入。"把"作为语法词（Gw），在人际和表征上没有任何功能，却可以在句法上改变该小句结构的排列，使得"一量名"分别被提升到了谓词前位置。

其二，最主要的原因还是因为在人际层面上，说话人对焦点的选择不同。两个例子反映在人际层面都是述题为焦点的一般性话语行为，但 a 例的交际意图在引出述题整体，将之作为焦点信息，即焦点（Foc-Cm$_1$）是"一个男孩踢倒了一把椅子"这个述题整体；而 b 例中，"一个男孩"和"踢倒了"都不是说话人想要强调的焦点信息，只有"一把椅子"是想要突显的焦点信息（Foc），即焦点不是整个述题，而是述题中的子行为。为了让受话人辨明这一焦点信息,故在句法上选择了"提升"的方式。

其三,这种句法上的"提升"方式,反映了背景信息的"前景化",是说话人的一种有意识的交际策略。

第四章 定指"一量名"人际、表征和句法层面情况考察

4.1 "一量名"的定指功能

4.1.1 "定指"的概念及表现形式

"定指"是与前文中提到的"不定指"相对应的概念，也属于"指称"的下位分类。陈平（1987）、张伯江（1997）、张谊生（2003）、熊岭（2012）等人之前也都对其概念进行了定义。在此处我们仍然采用功能派学者的看法，结合语境，将前人的观点总结为：在具体的语境之中，说话人在使用一个 NP 时，预料受话人能够从当前语境中辨识出其确切所指对象，并与其他同类实体区别开来，则该 NP 可被视为定指成分。

在语境中，作为定指成分的 NP 可以表现为多种语言形式。陈平（1987）在他的理论中，以词汇形式为分类标准，归纳了以下几种较为典型的定指形式：①专有名词，例如"天安门"；②指量＋名词成分，例如"这首歌"；③人称代词，例如"我""他"；④数量＋名词成分；⑤光杆 NP。其中，前三种语言形式是汉语中最为常见的定指形式，一般在话语中仅表示定指。而数量名和光杆 NP 则要视语境而定，有时候表示定指，有时候表示不定指。其实，除了这些 NP 成分之外，"一量名"在一定的语境中，也是可以表示定指的。

4.1.2 "一量名"的定指功能及其判定标准

"一量名"作为汉语的一种典型不定形式，通常是用于不定指的，

但在一些特殊的语境中，"一量名"所指称的对象也有可能是定指的，例如：

(1) a. 她摘下了帽子，露出一头又黑又亮的长发。
　　b. 因为一个穆特鲁，中国选手总是难以在重大比赛上获得金牌。
　　c. 他就说了一句话：不行！

在这三个例子中，例 a 的"一头又黑又亮的长发"就是指"她"的长发，与前文中的特定对象具有领属关系，显然是定指的；例 b 中"一个穆特鲁"就是指"穆特鲁"这个选手，在语境中是可辨识的，也属于定指；例 c 中的"一句话"即指"他"说的"不行"这一句话，虽然采用的是不定形式，但在其紧邻的语境中立刻可以辨识出来；从说话人的角度来看，也是预料受话人能够识别的对象。

那么，判断语境中的"一量名"是否为定指成分，究竟有什么样的标准呢？

首先，定指性的"一量名"必须是指称性成分，即在语境中指称实体而不是描述属性；同时，该"一量名"为指称个体的有指成分，而不是指称一类事物或者表无指。在这一点上，它与不定指"一量名"是相同的。其次，"一量名"表示定指时，其所指称的对象在语境中具有可辨识性。在上一章节中，我们已经提过，对"不定指""定指"进行区分的最主要标准在于"可辨识性"。此处需要说明的是，这里的"可辨识性"有两个特征：第一，所谓的"可辨识""不可辨识"，都是在具体语境中的情况，不以表达形式本身为出发点；第二，这种可辨识性是从说话人角度出发的，即在说话人的认知中，预料受话人能否辨识该指称对象，而受话人真正是否识别该对象不影响其可辨识性。这一点也符合前面几位学者对于"定指""不定指"的定义。

4.1.3　语境中定指"一量名"的不同类型

"一量名"表定指的情况，其实都可以看成是受到了上下文语境中有定成分的制约和限定,我们把这种制约和限定称为"语境定位",将这种有定成分称为"语境定位成分"。根据语境定位情况的不同,可以分为被上文语境定位的"一量名"、和被下文语境定位的"一量名"这两种情况。

4.1.3.1 被下文语境定位的"一量名"

此时"一量名"的语境定位成分出现在下文语境中,虽然此时采用的是"一量名"这个不定形式,但说话人在其紧邻语境中(一般是接下来的小句或同指成分),使用语境定位成分说明或限定了该实体(或事件)的具体对象、内容,因此预料受话人可以将该"一量名"的指称对象与其他同类实体区分开来,是定指的。例如:

(2)吴生瞪了老头一眼,甩出一句硬邦邦的话:"你少管闲事!"(《丢官源于一枚钱》,《故事会》2011年第一期)

例(2)中,"一句硬邦邦的话"就是指"吴生"说的那句"你少管闲事",其指称对象的具体内容已被下文语境限定,可以与其他人说的其他的"话"区分开来,因此应当看成是定指的。

4.1.3.2 被上文语境定位的"一量名"

此时"一量名"的语境定位成分出现在上文语境中,这种情况下"一量名"的所指对象比较特殊,可以分几类讨论。

(一)语境定位成分为前文提及的某个特定的人物对象,"一量名"指称的实体是该对象身体的一部分,且这部分具有唯一性的特征。例如:

(3)她有很多的蓬松的黄头发,头发紧紧绷在衣裳里面,单露出一张瘦长的脸。(张爱玲《红玫瑰与白玫瑰》)

(4)她的短裙子在膝盖上面就完了,露出一双轻巧的腿,精致得象橱窗里的木腿,皮色也像刨光油过的木头。(张爱玲《红玫

瑰与白玫瑰》)

这两例中的"一张瘦长的脸""一双轻巧的腿"是语境定位成分"她"的身体的一部分。由常识可以推知,每个人只有一张脸,也只有一双腿,因此这两个"一量名"所指称的对象在语境中的"她"身上具有唯一存在性,可以与其他同类事物相区别,是定指的。

(二)语境定位成分为前文提及的某个特定的人物对象,"一量名"指称的实体是就是该对象本身,是一种整体性回指。此时,使用"一量名"形式更多地是表达一种强调。例如:

(5)土耳其人穆特鲁是世界举重名将,亚特兰大和悉尼奥运会冠军。中国举重选手在这个级别实力也不弱,但就是因为<u>一个穆特鲁</u>,中国选手总是难以在重大比赛上获得金牌。(《世界举重锦标赛:土耳其名将穆特鲁训练目击记》,搜狐新闻)

例(5)中的"一个穆特鲁"就是指前文中所提到的语境定位成分"土耳其人穆特鲁",在该语境中是定指的,使用"一量名"形式可以表示一种强调,此处应当重读。

(三)有限定性代词修饰的"一量名"所指称的事物也是定指的,如被"这、那"修饰的"一量名"等。由于这种情况与"指量名"的功能比较接近,"一"有虚化的意味,因此在本书中,不将其纳入讨论范围。

在下文中,我们将从人际、表征、句法三个层面来分别考察定指"一量名"的情况。

4.2 人际层面的定指"一量名"

4.2.1 定指"一量名"所处的内容框架及功能

在话语行为的交际内容中,定指"一量名"被视为是一个指称性子行为。总的来说,"一量名"子行为可以出现在话题为焦点的一般性框架、述题为焦点的一般性框架、述题为焦点的话题性框架、辨识性焦点框架这几种内容框架之中。

4.2.2 话题为焦点的一般性框架中的定指"一量名"

在话题为焦点的一般性框架中,定指"一量名"的主要人际功能是充当话题兼焦点。这样的一般性话语行为主要出现在叙事性语段中,此时,说话人的主要交际意图有三种:①在叙事语段中引入该定指"一量名",作为叙事的起点,整个语段的中心话题,在接下来的话语中围绕该对象详细展开论述;②在语段或话语的结尾引入"一量名",作为一个独立性话语行为,对整个语段的交际内容进行总结、归纳,或者是对整个叙事情节提出一个总结性的观点、看法。③在话题为焦点的一般性话语行为中引入"一量名"作为话题兼焦点,是为了给语段下文提供背景信息。

4.2.2.1 作为叙事起点的定指"一量名"

定指"一量名"在叙事语段的开头就出现,是对下文即将展开叙述的内容进行一个简明扼要的定位和概括,而接下来的交际内容则是对该"一量名"所代表信息的进一步扩充和叙述。该叙事语段可以存在于议论性、说明性的语篇之中,说话人援引这样一个叙事性的例子来佐证某一种观点。也可以出现在叙事性语篇中,用来进一步说明前文中所描述的事实。定指"一量名"是语段的全局话题,而对于整个语篇来说,是一个局部话题。例如:

(6) 中医上讲"心主神志",就是心是一个藏神的地方,一个人最根本的是他的神。我们之所以能够交流、能够生活,都有赖于神在发挥作用,所以一旦心有问题,人的精神问题往往就会显现出来。

有一个故事。从前,有一个木匠,他在帮别人盖房子挖掘土的时候发现了一箱金子。看到这箱金子后,他哈哈大笑几声后,就神志不清，变成了狂躁症，四处乱跑，招惹四邻。家人四处求医，最后请来了一位医生，医生了解事情的缘由后，拿起金子看了看突然跟他大喊："哎呀，这根本不是金子，只是一堆铜块。"木匠立刻镇定下来："你说什么，这个不是金子吗？"人一下就清醒过来了。

虽然这只是个小故事，但我们从中不难看出，过度的喜悦使之心神被扰，出现了精神方面的问题。（程凯《餐桌上的养生》，ccl）

(7) M_1：[宋周运粗通文字，爱钱如命，生活极其俭朴，曾经当过丰镐房的管家。] M_2：[关于宋周运的俭朴，有<u>一个传说</u>：宋周运从宁波到溪口，从来不坐汽车，而宁愿步行。问其原因，答称：买一双布鞋只需大洋四角，而汽车来回要用一元六角，可买四双布鞋，可穿两年，因此，乘汽车太不合算，所以还是步行好一些。]（《蒋氏家族全传》，ccl）

上面两个例子中，例（6）属于说明性语篇，也带有一定的议论性。在这个语篇中，"一量名"为"一个故事"，其所处的语段是叙事性的语段，是该说明性语篇中的一部分，说话人引入该叙事语段的目的是为了借此来佐证前文中所提到的"心主神志"的观点。在该叙事语段中，"一个故事"是叙事起点，整个语段都是这个"故事"的具体内容，因此"一个故事"也可以看作是整个语篇中的一个局部话题。例（7）属于叙事性语篇，可以分成两个话步 M_1、M_2，"一个传说"是 M_2 的叙事起点，而 M_2 的存在是为了描述和证明前文的 M_1 中所提到的一个事实，即"宋周运""爱钱如命""生活极其简朴"。

另外，这里使用"一量名"作为叙事起点，实际上可以看成是说话人的一种人际策略。说话人以"一量名"这种典型的不定形式来开头，故意不挑明话题的具体内容，这样更能够吸引读者的注意，同时也能引发读者对"一量名"所包含的内容产生好奇，并进行思考。这样一来，说话人就达到了一种互动的目的。在这种情况下，若采用典型的定指形式来替换，则往往就会失去这种语用效果。以例（7）为例,如果直接说"关于宋周运的俭朴,传说是:宋周运从宁波到溪口,从来不坐汽车,而宁愿步行",这样的表达就显得比较生硬,也不能引起读者的探求心理。

4.2.2.2 作为叙事结尾的定指"一量名"

定指"一量名"作为话语或者叙事语段的结尾,往往是说话人在话语或语段的最后,对于之前所述的交际内容进行一个总结,用一个独立的话语行为来进行概括,其中也包含了说话人对之前所述事件的态度、评价、观点等。有些情况下,也可能是对于之前交际内容中的中心话题的一个评述。例如:

(8) 程安东省长操着浓重的淮南口音说:"在改革开放和市场经济的竞争中,中西部与东部在经济发展上,差距拉大了。要撵上东部,不能靠延缓甚至停滞东部的发展去取得,而只能靠中西部自己加大开放,加快开发,加速发展。<u>一句话</u>:差距只能在'撵'中缩小。"(1995年《人民日报》)

(9) 记者近日在辽阳县的一些乡村采访,与村民们座谈创建文明村的情况,大家有一个共同的感受:以前总觉得精神文明建设很"虚",几年下来,亲眼看到村子变漂亮了,集贸市场变敞亮了,没有人黑灯瞎火地搞迷信活动,大伙儿心里也透亮了。<u>一句话</u>:打心眼儿里支持县委、县政府这样抓农村精神文明建设!(1998年《人民日报》)

例(8)中,"一量名"所在的这一话语行为是说话人话语的结尾,在之前的话语中,说话人"程安东省长"针对"改革开放"的"经济发展差距"以及"解决的方法"进行了详细的论述,在话语的末尾,他使用了定指性"一量名"对于之前所说的内容进行了一个总结,即"差距只能在'撵'中缩小";例(9)中,"一量名"所在的这一话语行为是整个语段的结尾,是对于"记者"所采访到的"村民们"对于"精神文明建设"的意见的集中总结和评述,是对于之前交际内容的中心话题的总结。

4.2.2.3 为语段提供背景信息的定指"一量名"

此时，定指"一量名"在话题为焦点的一般性的话语行为中，充当的人际角色仍然是话题兼焦点。但从语段整体来看，该"一量名"子行为的人际功能主要是为接下来的话语提供背景信息。如上文中提到的例（5），在人际层面可以这样分析："A₁：（因为一个穆特鲁，）A₂：（中国选手总是难以在重大比赛上获得金牌。）"

在该例中，"因为一个穆特鲁"被分析为一个从属性的话语行为A₁，"一个穆特鲁"是话题兼焦点；A₂是A₁的核心性话语行为，A₁是A₂的主要动因（motivation），也就是说，这里的"一量名"为语段下文提供了与原因相关的背景信息。

相对于前两种情况，这种情况的定指"一量名"在一般性话语行为中比较少见，并且在语义表征上有着严格的限制，句法位置也比较特殊。在下文的表征层和句法层的分析中，我们还会进一步讨论。

4.2.3 述题为焦点的一般性框架中的定指"一量名"

这种情况下，定指"一量名"所在的一般性话语行为一般是从属性话语行为，可以是上一个核心性话语行为的定位（orientation）、动因（motivation）等。这时，整个话语行为都是说话人想要表达的新信息。在这种框架中的定指"一量名"在从属性话语行为中是述题的核心部分，在下文中通常要担任全局或局部话题，常见于说明性语段之中。例如：

（10）A₁：（蟾蜍之所以能够"横行天下"，）A₂：（<u>一个重要的原因是它们"有毒"。</u>）黑眶蟾蜍体表有许多疙瘩，内有毒腺，耳后腺就是其中最大的两块毒腺。如果遭遇捕食者的攻击，蟾蜍会膨大身子，露出毒腺，分泌的白色浆液，射向捕食者的眼睛和口腔。（《蛙的求生秘籍》，中国科普博览网）

（11）A₁：（气候变化不仅表现为全球平均气温的持续提升，）

A₂：(还有<u>一个重要的标识</u>就是极端气候现象出现的频率大幅增加，) A₃：(譬如近些年来越来越多的旱灾和雪灾。) 对于动物来说，气候变化就意味着很多动物个体将会面临超越其自身可承受极限的环境温度，从而使生存受到威胁。(《气候变化：外温动物之不能承受》，科普中国网)

例（10）、（11）中，"一量名"所在的一般性话语行为整体都属于新信息。例（10）中"一量名"所在的话语行为 A₂ 是一个从属性话语行为，A₁ 是其核心性话语行为，A₂ 为 A₁ 补充了该核心性话语行为发生的原因，是 A₁ 的动因（motivation）。这里的"一个重要的原因"可以看作是语段的话题，接下来的话语行为都是围绕这个"重要的原因"，即蟾蜍"有毒"的特性展开介绍和说明。例（11）中"一量名"所在的 A₂ 对于前一个话语行为 A₁ 的话题"气候变化"具有定位（orientation）的作用，说明了气候变化的"一个重要标识"。这里的"一量名"只是一个局部话题，A₂、A₃ 两个话语行为是围绕这个"重要标识"展开说明的，但语段整体的话题为"气候变化"。

4.2.4 述题为焦点的话题性框架中的定指"一量名"

在这种话题性框架中，定指"一量名"可以是以下两种情况：①"一量名"位于述题层面中；②"一量名"位于话题层面中。

4.2.4.1 述题层面中的"一量名"

（一）"一量名"不是述题的主要组成部分，主要交际意图是对于话题身体特征的描述，为话题补充特征信息。可以出现在叙事性、说明性的语段中，但所在的语段一般都具有描述性的特征，"一量名"所指对象通常在语段中很少再现，只是作为话题的一种特征信息出现，带有回指的意味。例如：

（12）她有很多的蓬松的黄头发，头发紧紧绷在衣裳里面，单露出<u>一张瘦长的脸</u>，眼睛是蓝的罢，但那点蓝都蓝到眼下的青晕

里去了，眼珠子本身变了透明的玻璃球。(张爱玲《红玫瑰与白玫瑰》)

(13) 画家运用饱含激情的笔触，塑造一个性格爽朗、活泼奔放的吉普赛女子——她披散着一头黑发，敞开着领口，脸向着画外，露出一丝狡黠的微笑。(《中国儿童百科全书》)

例 (12)、(13) 中的"一张瘦长的脸""一头黑发"分别是话题成分"她""吉普赛女子"的体貌特征之一，为话题所指人物身体的一部分，描述了话题的特征。从语段整体来看，虽然例 (12) 出自叙事性语篇，例 (13) 出自说明性语篇，但两个语段都是用于描述某个话题对象，具有描述性。"一量名"在该描述性语段中，仅表示话题的身体特征信息。

(二) "一量名"是述题的主要组成部分，可以看成是述题要表达的核心内容，并且在接下来的话语中，作为一个语段的话题出现。之后的话语行为可以看做是从属性话语行为，对于"一量名"子行为起到一个定位的作用。例如：

(14) 镇上包子铺的老刘最近遇到了一件头疼事。他的大女儿阿红长得很漂亮，而且在大城市工作，一直是他引以为傲的资本，不料这天突然打电话向他要钱，而且狮子大开口，一要就是五万。(《豪门梦》，选自《故事会》)

(15) 从结婚那天起，妻子就养成了一个习惯：一个人回家时，在离老公房十米远的地方，就开始喊丈夫的名字，一直喊到丈夫听到，然后从窗户探出头来微笑示意，她方才上楼。(《回家》，选自《故事会》)

例 (14) 中，"镇上包子铺的老刘"是一个已知的话题信息，属于话题层面，其他部分属于述题层面，"一件头疼事"是述题中要强调的核心内容，并且是整个语段的话题，接下来的叙述都是围绕这件"头疼事"展开的。例 (15) 的话题层面为"妻子"，是前文中提及的已知信息,"一个习惯"在话语行为中是述题的核心内容,在语段中是全局话题。

4.2.4.2 话题层面中的"一量名"

处于话题层面中的定指"一量名"一般是充当话题,且需要是回指性成分,即是前文中已经提到过的对象的组成部分。述题层面可以用于描述"一量名"话题的相关属性特征,也可以用于描述话题成分所发出的动作、表现出来的状态等。这时候的"一量名"是其所在的话语行为甚至话步的话题,为后文提供一些必要的预设信息,起到承上启下的作用。例如:

(16) A_1:(烟鹂迎上前来答应着,)似乎还有点心慌,(A_2:一双手没处安排,急于要做点事,顺手捻开了无线电。)又是国语新闻报告的时候,屋子里充满另一个男子的声音。(张爱玲《红玫瑰与白玫瑰》)

(17) M_1:[罗四姐的一双脚虽非三寸金莲,但也是所谓"前面卖生姜,后面卖鸭蛋",裹了又放的半大脚,]M_2:[笑得有些立足不稳,伸出一只手去想扶桌沿,却让胡雪岩一把拉住了。](高阳《红顶商人胡雪岩》)

例(16)中"一双手"也是回指性成分,回指的是话语行为 A_1 中的话题"烟鹂"的"手",是话语行为 A_2 的话题成分,其余部分为述题,描述了"一双手"所发出的动作信息。例(17)中,"罗四姐的一双脚"为 M_1 的话题,述题描述了她的这一双脚的特点是"裹了又放的半大脚",这是为了后一个话步(M_2)中"立足不稳"提供一个预设信息,便于受话人理解。

4.2.5 辨识性焦点框架中的定指"一量名"

定指"一量名"所在的辨识性焦点框架主要是将末尾"一量名"焦点提前,突显出"一量名"所代表的信息,是背景信息的"前景化"。

汉语中有末尾焦点的特点，而辨识性焦点框架中，有时候为了强调某一个对象，将其作为焦点突显出来，往往会将焦点提前。定指"一量名"处于这种框架之中，往往是那个被突显的辨识性焦点。这种情况与辨识性焦点话语行为中的不定指"一量名"情况相似，是说话人为了强调焦点，利用句法提升手段，将原本的背景信息"前景化"的一种用法。具体例如：

（18）今年1月26日，当澳洲庆祝建国205周年的时候，A₁：（一位名叫苏珊的女历史学家把<u>一个老话题</u>又提了出来，）她说，1月26日实际是"侵略日"，不应作为澳洲的"国庆节"。（1993年《人民日报》，ccl）

例（18）所要强调的辨识性焦点是"一个老话题"，本来，在话题性话语行为 A₁ 中，"苏珊"是话题成分，"提出一个老话题"是述题成分，"一量名"只是述题的一部分。但由于"一量名"是下文的话题，是说话人想要集中突显的辨识性焦点，因此，"一个老话题"的信息被前景化。

4.3　表征层面的定指"一量名"

4.3.1　定指"一量名"所在的 SoA 类型

定指"一量名"所在的 SoA 类型主要有如下几种：①存在性 SoA；②同一性 SoA；③二价述谓动态型 SoA；④一价述谓非动态型 SoA；

4.3.2　存在性 SoA 中定指"一量名"的语义表征

当定指"一量名"出现在存在性 SoA 中时，该 SoA 在人际层面中存在与之对应的框架，即话题为焦点的一般性框架。在这种存在性 SoA 中，定指"一量名"所表示的实体类型主要有：一阶实体、二阶实体、三阶实体。

4.3.2.1 "一量名"指称对象为一阶实体

在 FDG 的语义分类中,一阶实体主要用于用来表示可以接触到的,存在于现实世界的时间与空间之中的事物。例如,桌子、狗、人物等。"一量名"所表示的一阶实体,包括人物、动物、无生事物等。

(19) 这一天夜空中突然出现了<u>一个形状奇特的巨形"怪物"</u>——特大彗星。(《中国儿童百科全书》)

(20) 当一、两个高水平运动员出现时,没有像某些项目那样出现大幅度水平下滑的逆向反弹,而是出现了<u>一个持续发展、互相激励的竞争群体:丛玉珍——李梅素——黄志红——隋新梅——周天华——张榴红——程小燕</u>,一茬接一茬。(1994 年《报刊精选》)

(21) 在吐鲁番,除了有著名的景点火焰山,还有<u>一种可爱的小动物</u>——吐鲁番沙虎。(《沙漠中的黑暗游侠——吐鲁番沙虎》,中国科普博览网)

以上三例中,"一量名"所指称的一阶实体分别为无生事物、人的集合、动物。

4.3.2.2 "一量名"指称对象为二阶实体

在 FDG 的语义分类中,二阶实体主要用于表征事件状态。这里的事件状态作为一种语义类型,是指发生在一定的时间和空间中的事件。"一量名"所表征的二阶实体主要分以下三种。

(一)"一量名"用于表示整个事件状态

(22) 在最后一项男子 500 米直道竞速决赛中,出现了<u>一个意想不到的小"事故"</u>。在紧张的冲刺阶段,眼看武汉体育学院大学生的龙舟冲到了前面,并将到达终点,可就在此刻,他们的龙舟竟然窜到了重庆队的赛道上。(ccl)

(二)"一量名"用于表示事件当前的场面、情景等

(23) 1991年10月9日,当太阳冉冉升起时,金色霞光中美国加州出现了一个宏伟壮观的画面,1,800名工人将克里斯托设计的1,760把黄伞竖立打开。(ccl)

(三)"一量名"用于表示事件过程中的某一个阶段

(24) 席卷全球的信息革命正进入一个新阶段:电脑从处理、储存信息发展到传输信息。(ccl)

4.3.2.3 "一量名"指称对象为三阶实体

在存在性 SoA 中,"一量名"所表示的三阶实体主要有两种语义内容。

(一)表示人们从心理角度构建出来的命题。例如,说法、传闻、故事、新闻等。

(25) 内务部里还出现了一个传闻:斯大林似乎对季诺维也夫和加米涅夫的投降感到十分满意。(《斯大林肃反秘史》,ccl)

(26) 前不久,报纸上有一条新闻,讲的是某地一个干部,因为虐待父母而被摘掉了头上的"乌纱帽"。(1998年《人民日报》,ccl)

例(25)、(26)中的"一个传闻""一条新闻"都是人们通过心理构建,将其具体化,以语言的形式传达给他人的命题,表征的是三阶实体。

(二)表示人们脑海中的抽象概念,比如内心的观点、看法、想法等

（27）我国史学界至今仍有<u>一种观点</u>：既然明末清初中国已有资本主义生产方式的萌芽，那么如无西方帝国主义的侵略，中国也会逐渐进入资本主义社会。(《读书》杂志，ccl)

（28）整个中世纪，似乎总存在着<u>一个理想</u>，想把文明世界统一于一个政府、一个基督教共和国。(ccl)

例（27）、（28）中的"一种观点""一个理想"都属于人们脑海中的抽象概念，体现出人们内心的想法、看法。

4.3.3 同一性 SoA 中定指"一量名"的语义表征

同一性的事件状态由两个语义单位组成，这两个语义单位标示的是同一个语义实体，也就是说，他们在语义上存在等同的关系。两个语义单位之间地位是平等的，不存在互相依存的关系。在这种辨识性 SoA 中，动词往往为"是"，"一量名"作为一个语义单位，与另一个语义单位包含着同样的语义信息。这种情况下"一量名"所指称的实体都属于零阶实体，可以是原因、特点等表示属性的实体。例如：

（29）中国历史发展的<u>一个特点</u>是反复性强，文学史也是这样，来回折腾。(ccl)

（30）我还不敢奢望去 NBA 打球，但一直梦想进国家队。<u>一个原因</u>是我知道的第一个名人是李宁，1984 年奥运会体操比赛上，他赢得六枚奖牌——三金二银一铜。(姚明《我的世界我的梦》)

例（29）中的"一个特点"和例（30）中的"一个原因"都表征的是零阶实体。

4.3.4 二价述谓动态型 SoA 中定指"一量名"的语义表征

在这种 SoA 中，定指"一量名"常常是受事角色，以指称二阶实体、三阶实体为主，也可以是一阶实体和零阶实体。在少数情况下，

"一量名"也可以做该类SoA的修饰语，此时"一量名"只能表征指人的一阶实体，我们将这种情况放在4.3.4.2中讨论。

4.3.4.1　"一量名"指称对象为零阶实体

"一量名"指称对象为零阶实体时，主要表示的是与施事角色有关的某种特征、属性，这种特征可以是施事角色本身具有的，在某一方面、某一个阶段展示出来的特征，比如说"一个特点"；也可以是后天逐渐形成的一种特征，比如说"一种习惯""一种习性"。

（31）今年以来深沪股市的走势，越来越明显地表现出一个特点，那就是市场走势日益趋向于技术化，也就是说，前几年出现的那些反技术化的操作手法渐渐消失了。

（32）有了考察应县木塔的经历，梁思成养成了一个习惯，他只要听到别人谈及或从报刊书籍中看到哪个地方有古建筑，他就会写信给当地的邮政局长，请他帮忙设法弄到这个建筑物的照片。（张清平《林徽因》）

4.3.4.2　"一量名"指称对象为一阶实体

"一量名"用于指称一阶实体时，其语义角色分为两种：一是在该述谓性SoA中充当受事角色，二是担任该述谓性SoA的修饰语。

（一）"一量名"充当受事角色

当"一量名"为受事角色时，主要以表征无生事物为主；有时候也可以是有生事物，集中表现为指人。例如：

（33）不久，天文学家又发现了一种较复杂的有机分子——甲醛。（《中国儿童百科全书》）

（34）电视连续剧《京都纪事》在全国一百多家电视台播出后，观众们又认识了一张新面孔——郁倩倩。（《市场报》1994年）

在例（33）、（34）中，"一种较复杂的有机分子"指的是"甲醛"，表征的对象为无生事物；"一张新面孔"指的就是作为演员的"邬倩倩"，表征的对象是"人"。

（二）"一量名"担任 SoA 的修饰语

当"一量名"担任 SoA 的修饰语时，可以是用来表示 SoA 发生的原因，即动因修饰语；也可以用来表示目的，即目的修饰语。但在语义实体类型上都是指人的一阶实体，并且是前文已经提到过的人物。例如：

（35）再看见耿荻是秋天了。耿荻的车后座上常常坐着蔻蔻……因为一个蔻蔻，耿荻已不可逆转地在远离她们。（严歌苓《穗子物语》）

（36）为了一个柯起轩，我这个女儿已经彻底作践了她自己！在她身败名裂、带累韩家的门风之前，我必须带着她离开这里！（琼瑶《鬼丈夫》）

例（35）中的"一个蔻蔻"就是指前文提到的"蔻蔻"这个人物，为指人一阶实体，并且可以看作是"耿荻""远离她们"这一 SoA 发生的原因，因此是该 SoA 的动因修饰语。例（36）中的"一个柯起轩"也是上文中的人物，是"女儿"的情人，同样是指人的。在该例中，"女儿""作践自己"是为了"柯起轩"，因此"一量名"可以视为该 SoA 的目的修饰语。

4.3.4.3 "一量名"指称对象为二阶实体

"一量名"指称对象为二阶实体时，用来指称表事件状态的语义实体，主要分为两种情况：①"一量名"表示具有一定时间线性和空间范围的特定的事件、过程，着重于强调个体事件，如"一件事""一次事故"等；②"一量名"表示某种现象、局面、场面等，不一定按照线性时间发展，强调一类普遍发生的事件状态，如"一种现象"。例如：

(37) 此项研究还发现了一种新的奇妙声学现象——回音壁旁皇穹宇"对话石"。如果一人站在皇穹宇殿前甬道第十八块石板上说话，站在离此30余米远的东配殿的东北角的另一人，却可以像打电话一样清晰地听到对方的说话声。(1995年《人民日报》)

(38) 在那段日子里，陈国做了一件非常有意义的事情，就是全面统计售出去的楼花，并以存档处理。(《史传》，ccl)

例(37)、(38)中，"一量名"分别指称的是现象和事件过程。例(37)中，"一种新的奇妙声学现象"存在于一定的时空中，但具体的时间线并不明确，是一种具有普遍性的事件状态。例(38)中，"陈国"作为动词"做"的另一个论元，是事件的发出者。"一件非常有意义的事情"指称的是特定的事件，发生在特定的时间范围内，即"那段日子里"。

4.3.4.4 "一量名"指称对象为三阶实体

"一量名"指称对象为三阶实体时，主要是人们将其自身的知识背景具体化，以口头或者书面的形式表现出来，所形成的反映其思想和观点的命题；具体来说，主要分两种：①如新闻、消息、信件、文章之类承载一定信息量的三阶实体；②个体或群体的观点、看法、想法有关的三阶实体；例如：

(39) 1984年3月，美联社曾报道一则新闻：在美国得克萨斯州的贝敦，某人家夜晚被撬窃。(《读者》，ccl)

(40) 2001年10月31日，全国各大媒体的财经记者在毫无预兆的情形下得到一条消息：一家名不见经传的格林柯尔公司成为制冷家电龙头企业科龙的第一大股东。(吴晓波《激荡三十年——中国企业史》)

(41) 唐代诗人王建曾经写过这样一首诗："雨里鸡鸣一两家，竹溪村路板桥斜。妇姑相唤浴蚕去，闲着中庭栀子花。"(《话说长

江》解说词）

　　（42）最近，美国圣保罗·拉塞姆医疗中心的威廉·胡拉伊博士提出了一种异乎寻常的见解：女人经常哭泣，可以使身体长寿。（《市场报》1994年）

　　（43）伦敦的玛丽王后大学提出了一种理论：法国人喝红酒，英国人则更喜欢啤酒和白酒。（新华社报道，2001年12月）

上述几个例子中，前三例属于第一种情况，后两例属于第二种情况。

在"一量名"表示承载一定信息量的三阶实体时，可以根据施事角色的情况，来看其中的能量流动（flow）所引起的"一量名"状态变化的情况。当施事主体作为信息发出或传播的来源时，如例（39），此时施事主体的能量输入，使得"一则新闻"的信息状态实现了从未公开变换到公开的这样一个变化；当施事主体作为信息的接受者，如例（40），此时的能量输入反映了"一条消息"从未知到已知的状态变化；当施事主体是信息本身的缔造者时，如例（41），能量输入反映了"一首诗"从无到有的信息状态变化。显然，根据这三种情况的不同，动元也呈现出了不同的选择。

而在"一量名"表示个体或群体的观点看法时，一般来说，能量输入反映的是"一量名"从无到有的状态变化，例（42）、（43）中的"一种异乎寻常的见解""一种理论"在由施事主体提出前都是不存在的，施事主体是信息本身的缔造者，通过能量输入（Input of Energy），使信息得以存在于人们的思想观念之中。

4.3.5　一价述谓非动态型 SoA 中定指"一量名"的语义表征

一价述谓非动态型 SoA（One-place Non-dymanic SoA），是指只包含受事角色和谓词的非动态型事件状态，谓词成分在语义上赋予受事角色属性。所谓非动态型事件状态（SoA），是指这个事件状态在发生的过程中，不需要来自施事角色的能量输入（Input of Energy），这是一种状态型（Stative）的事件状态。因为没有能量的流动（flow），所以这类事件状态不包含一个施事角色作为能量的来源，只包含受事角色（Undergoer）。从谓词的配价上来看，分为一价述谓非动态型 SoA 和二价述谓非动态型 SoA 两种。定指"一量名"一般出现在一价述谓非动态型 SoA 中。

在一价述谓非动态型 SoA 中，定指"一量名"的主要指称对象为一阶实体，并且一定是指人的身体的一部分，如头发、脸、身体以及其他部位。该"一量名"作为一个受事角色出现，谓词成分为形容词性的，用来描述该身体部位的特征。如下面的例（44）中的"一头黑发"就是指人的身体部位，且具有唯一性。

(44) 那个年代的女子不烫发，发质健康，也不用发胶、摩丝之类让头发变得硬邦邦的东西，<u>一头黑发</u>那么自然、柔顺、清香，梦幻一般。

4.3.6 定指"一量名"语义表征的总体特点

由上可见，定指"一量名"在不同类型的 SoA 中呈现出不同的语义表征特点，其所指称的语义实体类型也具有多样性，主要可总结为以下几种情况：零阶实体、一阶实体、二阶实体、三阶实体。虽然语义表征情况较为复杂，但在具体话语中，表定指的"一量名"都有一个共同的语义表征特点，那就是："一量名"所指称的语义实体与其语境定位成分（具体定义见 4.1.3）属于同一性（Identificational）语义表达。这种"同一性"主要表现在三个方面：其一，在当前 SoA 的语境中，二者所示的命题内容是一致的；其二，"一量名"与语境定位成分在 SoA 中所指称的语义实体类型是一致的；其三，在具体的 SoA 中，语境定位成分是对"一量名"指称的语义实体的具体描述。我们可以根据几类不同的语义实体类型来讨论。

4.3.6.1 "一量名"的语义实体类型为一阶实体

当"一量名"的语义实体类型为一阶实体时，可以分为三种情况：

①用来指称上文提及的某个确切人物对象；②用来指称上文提及的人物对象身体的一部分，且该部分具有唯一性。③用来指称下文中出现的人、动物、或无生事物。

在前两种情况下，"一量名"的语境定位成分位于上文之中，为表人一阶实体。例如：a. 他突然发病，把<u>一个老王</u>吓得不轻。b. 她坐在那儿，<u>一头黑发</u>披散下来。例 a 中，语境定位成分就是"老王"这个指人专有名词，根据语境可推知是上文中提及过的人物，而"一个老王"与"老王"在表征上是完全一致的，具有同一性；例 b 是一类比较特殊的情况。这里"一量名"的语境定位成分为"她"这个确切对象，而"一头黑发"是"她"身体的一部分，且具有唯一存在性，虽然不是完全同一的表达，但与语境定位成分具有"部分—整体"的关联，因此也属于定指。

在第三种情况下，"一量名"的语境定位成分位于下文之中。这时候，"一量名"和语境定位成分所代表的语义实体都可以是人、有生事物、或无生事物，但二者在具体 SoA 中必须保持一致。例如：a. 我找到了<u>一个重要人物</u>——纪检委的张处长。b. 他看到了<u>一颗像扫帚的星星</u>——哈雷彗星。c. 她发现了<u>一种小动物</u>：壁虎。在这几例中，"纪检委的张处长"和"一个重要人物"都是表人一阶实体，"一颗像扫帚的星星"和"哈雷彗星"都是表无生事物，"一种小动物"和"壁虎"都是表动物，并且在语义上所表征的对象是同一个，后者均反映了对前者的具体描述。

4.3.6.2 "一量名"的语义实体类型为二阶实体

当"一量名"的语义实体类型为二阶实体时，表征的是一个具有持续过程的事件状态，其中牵涉到一定的时间、空间信息。此时语境定位成分处于下文语境之中，也应当属于二阶实体，是针对"一量名"所表征的事件状态的具体描述，使得"一量名"所指称的语义实体在 SoA 的语境中可以被辨别出来。例如："他今早在银行门口遇上了<u>一件倒霉事</u>：被人偷了钱包。"该例中的"一件倒霉事"表征的是二阶实体，发生在一定的时空中（"今早""银行门口"），反映了一个有过程的事件状态。语境定位成分"被人偷了钱包"从表征上来看，也属于二阶语义实体，对于"一量名"所代表的事件状态进行具体的描写、叙述，使得受话人能够在语境中辨别"一量名"的所指对象。因此，在当前语境中，"一件倒霉事"与"被人偷了钱包"这两个语义实体可以等同起来，是同一性的语义表达。

4.3.6.3　"一量名"的语义实体类型为零阶、三阶实体

当"一量名"的语义实体类型为零阶或三阶实体时，在语义表征上有一个共同的特点，即本身就承载着一定的信息量，这就使得下文的语境定位成分可以围绕这一信息展开描述，也使得"一量名"用于定指的允准度提高。例如：a. 现在的年轻人都有一个特点：不爱运动。b. 他得知了当地的一个传说：落霞峰上有仙人居住。在人们的认知中，"一个特点""一个传说"本身就包含了一定的信息量，而例a、b中，下文的语境定位成分"不爱运动"和"落霞峰上有仙人居住"又描述了这两项信息的具体命题内容，与"一量名"所代表的语义实体在表征上具有同一性。

4.4　句法层面的定指"一量名"

在句法层面，定指"一量名"可以出现在如下几种小句框架（clause frames）中：①呈现句；②同一性小句；③一价述谓小句；④二价述谓小句；⑤辨识性提升小句。根据"一量名"所在的这几种不同的小句框架，可以分析出不同的人际和表征特点。

4.4.1　呈现句中定指"一量名"的句法特征

4.4.1.1　呈现句的基本结构及"一量名"的位置

在受话人的知识背景中引入"一量名"所指称的既定对象，以之作为话题和焦点，然后在此基础上，对它赋予一定的语义表征，这个构建过程反映在句法层面上，就表现为一个包含定指"一量名"的呈

现句。在这种呈现句中，一般包括四个组成部分：情景成分（包括语境中已知的时间和地点信息）、假位谓语动词、"一量名""一量名"的语境定位成分。其中，情景成分交代说话人和受话人所处的背景环境，通常包括时间背景和空间背景；假位谓语动词用来表达"一量名"的呈现情况；"一量名"的指称对象是最大信息量。

另外，由于定指"一量名"的特殊性，有时候这种呈现句中还可能包括一个"一量名"的语境定位成分，用来说明"一量名"指称对象的具体内容。但有时候语境定位成分并不一定出现在呈现句中，也可能出现在接下来的语言表达（Linguistic Expressions）中，以一个或多个小句的句法形式出现。因此可以分两种情况，例如：

(45) Cl$_1$：（沙漠里有一种神奇的植物——仙人掌。）
(46) Le$_1$：[Cl$_1$：（最近有一种说法。）Cl$_2$：（如果喜欢一个人，在七夕那天表白就一定能成功。）]

例（45）是一个小句（Cl$_1$），而例（46）是一个包含两个小句的语言表达（Le$_1$）。例（45）中，该呈现小句包括四个组成部分："沙漠里"是表地点的情景成分，"有"是假位谓语动词，用来提示指称对象的存现性，"一量名"为"一种神奇的植物"，"仙人掌"是"一量名"的语境定位成分，出现在呈现句之中，处于语后位置（post-clausal position）。例（46）中，呈现句包括三个组成部分："最近"是表时间的情景成分，"有"是假位谓语动词，"一量名"为"一个说法"。而后一个小句（Cl$_2$）对"一量名"指称对象进行了具体的描述，起到了语境定位的作用，但此时语境定位成分不属于"一量名"所在的呈现句，语言表达 Le$_1$ 是一种从属式（Co-subordination），Cl$_2$ 是从属于 Cl$_1$ 的非独立（Dependent）小句。

在呈现句中，定指"一量名"作为被引出的对象通常放在句末位置（Clause-final Position），FDG 中用 P^F 来表示。这也符合汉语句末焦点的一般特征，用重音强调。另两个组成部分分别位于句前（用变量 P^I 表示）、句中位置（用变量 P^M 表示）。若有语境定位成分，则位于

101

"一量名"后的语后位置（用变量 P^{post} 表示）。如此一来，"一量名"所在呈现句的基本句法排列为：

情景成分 + 假位动词 + "一量名"（+ 语境定位成分）
| P^I　　　P^M　　　　　P^F |　　P^{post}

除此以外，定指"一量名"所在呈现句还有一种特殊的排列，即只包含"一量名"和语境定位成分这两个组成部分的呈现句。例如："一句话：不行！"在这种情况下，情景成分和假位性谓语动词都被省略了。这时候，呈现句的排列（Alignment）顺序会出现一些变化，具体结构为：

"一量名" + 语境定位成分
| P^I　　　P^M　　　P^F |

4.4.1.2 "一量名"所在呈现句的句法特征

与不定指"一量名"一样，定指"一量名"所在的呈现句中的动词也通常是一个假位成分，不过假位成分的情况与不定指"一量名"有不同之处。

定指"一量名"所在的呈现句之中，假位动词的情况主要是如下几种：

（一）表示存现的假位动词，主要是"有"和"存在"

呈现句主要是用于描写"一量名"指称对象的存在性，即其指称对象存在于某一时空范围内（时间/空间、时间+空间），具有静态性。例如：

(47) 村子里有一个说法：好人就有好报。
(48) 现在，在某些领导机关存在一种不正常现象，就是一些领导干部无论大小材料，均由秘书下笔代劳。(1995年《人民日报》)

（二）表示呈现状态的假位动词：比如"出现、呈现、发生"等

呈现句主要是用于描写"一量名"指称对象呈现的状态，即在某一时间或者某一场所，该指称对象从无到有的变化，带有一定的动态

性。例如：

(49) 2017年出现了一句新的网络用语：我可能看了假书。

(50) 作为中国吸引外资强磁场的长三角地区，2003年呈现一种"超强"态势：上半年十五个城市到位外资123.7亿美元，同比增长60.7%，占全国同期吸引外资的4成多。（新华社2003年9月份新闻报道）

(51) 镇上最近发生一件事：王老汉的女儿要结婚了。

（三）某些特定的假位动词，例如"流传着/出、传出"

这类特定的假位动词只在"一量名"的语义表征为三阶实体，且指称如新闻、消息、传闻类承载一定信息量的语义实体时出现。例如：

(52) 最近学校里流传着/传出/流传出一条消息：新校长要到任了。

（四）不带假位动词的情况

这种情况就是上文中提及的只包含"一量名"和语境定位成分的情况，此时，已知信息成分和谓语动词均被省略。例如：

(53) 一句话：太佩服了！

4.4.1.3 "一量名"所在呈现句所反映的人际和表征特征

从人际角度来看，"一量名"所在呈现句可以看成是话题为焦点的一般性话语行为在句法层面的投射。在这类话语行为中，使用"一量名"的主要人际目的是引入该"一量名"所指对象作为话语的开头或者结尾，对话语整体起到一个总结和概括的作用。从表征角度来看，"一量名"所在呈现句是存在性事件状态（SoA）在句法层面的投射，在语义上表示某种确切实体存在或出现于某一时空环境之中。此时，

"一量名"表征的语义实体类型可以为一阶、二阶、三阶实体。

结合人际和表征特点,我们再来看该类呈现句的句法排列。当呈现句包含一个假位动词时,其句法排列往往是非透明的(non-transparent),即人际层的功能与句法层的排列并不一一对应。以下面这一呈现句为例,可以更好地看到这一情况:

(54) 沙漠里有一种神奇的植物——仙人掌。
IL:C_1:{(FocTop$_1$ [(+ id R_1:(一种神奇的植物) R_2:(仙人掌)])(T_1:沙漠里)}
ML:Cl_1:[Advp$_1$:(沙漠里) Vp$_1$:(有) Np$_1$:(一种神奇的植物) Np$_2$:(仙人掌)]

例(54)这个呈现句是"一量名"所在呈现句的典型排列(alignment)。可以看到,在人际层面,"一种神奇的植物"属于指称性子行为,记为R_1,+id表示可辨识,在指称上来看,$R_1 = R_2$。此时,R_1被作为整个交际内容(C_1)的话题兼焦点(FocTop$_1$),原本是说话人要强调的前景信息,但投射到句法层面,反映为Np$_1$,却被排在了句末位置。

这其中有什么样的原因呢?主要可以从两个方面来分析:一方面是由于"一量名"作为典型的不定形式,放在句首会显得突兀,不利于说话人及时识别这一对象的所指;另一方面是由于"一量名"是语义后指,其语境定位成分位于下文中,由于其功能上的相关性,一般会在句法上与"一量名"紧邻,这是一种"距离象似性"的体现(吴振国,邢福义2011:288),因此,将"一量名"放在句末,也更利于其与语境定位成分的衔接。

但也有特殊的情况,即我们前面所提到的,只包含"一量名"短语和语境定位成分的呈现句。这种呈现句在人际层面表现为一个独立性话语行为,位于语段的最后,对整个语段的交际内容进行概括总结。这种情况下,说话人所要说明的情景信息已在前文中交代清楚,该小句只是为了总结,为了避免冗余,故省略了除话题(兼焦点)以外的其他成分。这时候，句法层面的排列与人际功能之间的关系则是相对透明的。以上文中的例（53）为例，其参数表达式如下：

(53) 一句话：太佩服了！
IL：C_1：$\{FocTop_1 [(+id R_1 : （一句话） T_1 : （太佩服了）]\}$
ML：Cl_1：$[Np_1 : （一句话） Vp_1 : （太佩服了）]$

4.4.2 同一性小句中定指"一量名"的句法特征

4.4.2.1 同一性小句的基本结构及"一量名"的位置

在受话人的知识背景中引入定指"一量名"作为述题的一部分，整个述题内容都是话语行为的焦点，在此基础上为包括"一量名"在内的两个语义角色赋予同一个表征，这个人际和表征过程反映在句法层面上，就表现为包含定指"一量名"的同一性小句。定指"一量名"所在的同一性小句一般包括三个组成部分："一量名"、谓语动词"是"，以及一个从句成分。其中，从句成分与"一量名"在语义上描述的是同一个对象，存在语义等同的关系。例如："最近很多人感冒了，有<u>一个原因</u>是天气变化太快。"

在这类同一性小句中，定指"一量名"成分通常放在句首位置（Clause-initial Position），用 P^I 来表示。动词"是"放在句中位置（Clause-middle Position，用变量 P^M 表示），从句成分位于句末位置（Clause-final Position，用变量 P^F 表示）。有时候，同一性小句中，也可以添加一个假位成分"有"，放在语前位置（Pre-clausal Position，用变量 P^{pre} 表示），可以省略。综上所述，"一量名"所在同一性小句的一般框架为：

（有） + "一量名" + 是 + 从句成分
P^{pre} ｜ P^I P^M P^F ｜

4.4.2.2 "一量名"所在同一性小句的句法特征

"一量名"所在同一性小句必然包含一个假位动词"是"，主要用来连接"一量名"与从句成分。这里的假位动词"是"一般不能省略，不然就会造成理解上的错误。

在语言表达（Linguistic Expressions）中，这种同一性小句往往作为一个非独立小句（Dependent Clause，变量为 $depCl_1$）出现。语言表达作为句法层的一个单位，可以有多种构成形式。例如，并列式（Co-ordination）、列表式（Listing）、联合—从属式（Co-subordination）、额外子句式（Extra-clausality）、等列式（Equiordination）之类。而同一性小句往往存在于联合—从属式（Cosubordination）的语言表达中。联合—从属式是指该语言单位由多个小句或从句组成，其中有一个作为核心的小句，其他小句是该小句的从属性小句，共同依附于同一个核心小句，从属性小句之间地位是平等的。"一量名"所在的同一性小句就是这样的从属性小句。例如：

(55) Le_1：[Cl_1：（近来很多人都感冒了，）Cl_2：（一个重要原因是天气变化得太快，）Cl_3：（还有一个原因是大家衣服穿得不够多。）]

在这个例子中，Cl_1 是该"联合—从属式"语言表达中的核心小句，其他两个小句都是围绕 Cl_1 的核心话题"很多人都感冒了"展开的，对其具有依附性，描述的是感冒的原因。

在有些情况下，"一量名"所在同一性小句的语前位置可以存在一个假位成分"有"，比如 Cl_2 可以换成"有一个重要原因是天气变化的太快"，语义上不发生改变。但这里的"有"与呈现句中的"有"在辖域上是不同的。呈现句中的"有"的辖域比较窄，只负责引出紧随其后的"一量名"短语，因此处于小句（Clause）内的句首或句中位置；而同一性小句中的"有"辖域较宽，为整个小句，表现的是整个小句所述内容的呈现性，因此位于小句外的语前位置。

4.4.2.3 "一量名"所在同一性小句反映的人际和表征特征

从人际角度来看，"一量名"所在同一性小句反映的是一个述题为焦点的一般性话语行为。这类一般性话语行为中,"一量名"是作为述题层面的核心部分被引入话语之中,其人际目的主要是与述题中其他成分一起担任焦点,引出说话人想要表达的命题内容。从表征角度来看,"一量名"所在同一性小句反映到表征层面就是一个同一性事件状态,用两个语义上等同的实体来构成事件状态,描述某事物的特征、缘由等;因此"一量名"只能表征零阶实体。

4.4.3 一价述谓小句中定指"一量名"的句法特征

4.4.3.1 一价述谓小句的基本结构及"一量名"的位置

说话人的意图在于以定指"一量名"作为话题成分,并且在述题层面对于"一量名"所指对象的特征进行一定的描述;在此基础上,对于话题的"一量名"成分与述题成分赋予不同的语义表征,最后反映到句法层面,形成一价述谓小句。定指"一量名"所在的一价述谓小句,一般包括两个组成部分:"一量名"短语和形容词谓语成分。其中,"一量名"是该句所要集中描写的对象,但形容词谓语成分才是说话人要表达的核心内容,具有最大信息量。例如:"她的<u>一头秀发</u>又黑又长,非常漂亮。"

一价述谓小句中,通常来说"一量名"位于句首位置,形容词谓语成分位于句中位置,可以有多个并列的形容词短语,从排列上看,可以记为 $P^{M\pm1}$、$P^{M\pm2}\cdots P^{M\pm N}$。

"一量名" + 　　　　形容词谓语
| P^I 　　P^M ($P^{M\pm1}$、$P^{M\pm2}\cdots P^{M\pm N}$) |

4.4.3.2 "一量名"所在一价述谓小句反映的人际和表征特征

从人际角度来看,"一量名"所在一价述谓小句在人际层面一般是一个以述题为焦点的话题性话语行为,其中"一量名"指称子行为在话语行为中担任话题,说话人的交际目的是要引出述题所代表的归属性子行为。从表征角度来看,这是一个述谓性的 SoA,"一量名"是受事角色，其表征的语义类型是表人的身体器官的一阶实体；而述题通常在语义上由一个表属性的零阶实体来表征，反映了"一量名"所指实体具有何种特征。在一般情况下，"一量名"所在一价述谓小句的句法排列是相对透明的，与其人际、表征特点相一致。例如：

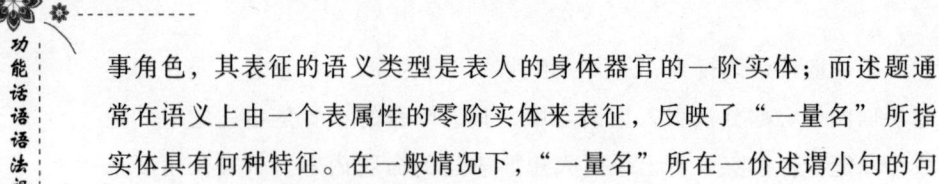

（56）（她的）<u>一头秀发</u> <u>又黑又长</u>，<u>非常漂亮</u>。
　　　IL：　　（R₁）　　（T₁）　　（T₂）
　　　RL：　　（x₁）　　（f₁）　　（f₂）
　　　ML：　　（Np₁）　（Ap₁）　（Ap₂）

以（56）为例，IL、RL、ML 分别代表人际、表征、句法层面，"一头秀发"在 ML 层为"一量名"短语（Np₁），对应的是 IL 层的指称性子行为（R₁）和 RL 层的一阶实体（x₁）。"又黑又长""非常漂亮"在 ML 层是形容词性短语 Ap₁、Ap₂，在 IL 层与归属性子行为 T₁、T₂相对应，在 RL 层与零阶实体 f₁、f₂相对应。其句法排列与人际、表征特点一致，具有透明性。

4.4.4　二价述谓小句中定指"一量名"的句法特征

在二价述谓小句中，定指"一量名"主要的句法位置是位于句末，但也可能位于语前位置，这两种情况的"一量名"的人际、表征功能有所不同，应该分开讨论。

4.4.4.1　"一量名"位于句末位置

当"一量名"位于句末时，说话人引入该"一量名"所指对象，目的是补充与既定话题直接相关的信息，使受话人进一步识解话题的动作行为或状态，对话题与述题赋予具体的语义表征，最后投射到句法层面，形成一个二价述谓小句。此时，"一量名"所在的二价述谓小句主要由三个部分组成：主语 NP、谓语动词、"一量名"宾语。其中，主语 NP 是小句所要谈论的主要话题内容，谓语动词与主语的动作相关，"一量名"宾语往往是该动作的接受者，一般也承载着主要信息量。

在一些情况下，这种二价述谓小句也可能包含"一量名"的语境定位成分，用来说明"一量名"指称对象的具体内容。这一点与呈现句有相似。如果该定位成分不出现在当前小句中，也可能紧随该小句，以短语或小句形式出现在之后的语言表达之中。例如：

(57) 他发现了一种新的动物：土拨鼠。

该句就是一个典型的二价述谓小句，主语 NP 为"他"，谓语动词为"发现"，"一量名"短语为"一种新的动物"，最后的"土拨鼠"为语境定位成分。

以此类推，这类小句中，NP 主语位于句首位置（P^I），谓语动词（VP）位于句中位置（P^M），"一量名"位于句末位置（P^F），语境定位成分位于"一量名"之后的语后位置（P^{post}）。故这类二价述谓小句的句法排列情况如下：

NP（主语）＋VP＋"一量名"（＋语境定位成分）
｜　　P^I　　　P^M　　　P^F　　｜　　P^{post}

从人际角度来看，这种二价述谓小句可以被解读为一个话题性的话语行为，在该话语行为中，"一量名"处于述题层面中。从表征角度来看，描写的是一个二阶述谓动态型 SoA，"一量名"往往作为受事角色存在，与话题的施事者发出的动作、或者表现出来的状态有关，主要表征的语义实体类型为零阶、一阶、二阶、三阶实体。

4.4.4.2 "一量名"位于语前位置

当"一量名"位于语前位置时，说话人引入该"一量名"所指对象，主要是用来为下文提供原因、目的方面的背景信息。反映在人际层面上，"一量名"子行为处于一个话题为焦点的一般性话语行为之中，是该话语行为的话题兼焦点，且这个话语行为一般为从属性话语行为，依附于后一个核心性话语行为。反映在表征层面，该"一量名"是二价述谓动态型 SoA 的动因修饰语或目的修饰语，只能用于指称上文语境中提到过的某个确切人物,语义上仅表征指人一阶实体。

这时,"一量名"位于二价述谓小句的语前位置,一般会与"因为""为了"搭配,例如:a. 为了一个老王,他居然背叛我。b. 因为一个蔻蔻,耿获已不可逆转地在远离她们。一般来说,述谓小句的内部排列不会影响"一量名"的句法位置。故这种情况下,可以将该小句整体的句法排列情况简单表示如下:

为了/因为 + "一量名" + 　述谓小句
P^{pre}　　　　　　　　　| P^I　P^M　P^F |

4.4.5 辨识性提升小句中定指"一量名"的句法特征

定指"一量名"也可以位于辨识性提升小句之中,此时,从人际上来看,"一量名"原本是末尾焦点,却被说话人采用一定的句法手段,放在了动词前位置,即将宾语提至谓词前位置(pre-verb position),是一种句法上的提升(raising)。

为了实现这种句法提升,需要假位成分的辅助,通常来说,这里的假位成分一般是"把"。因此,该二价述谓小句包括四个组成部分——NP主语、假位成分"把""一量名"短语、述谓结构。其排列情况则是这样:NP主语在句首位置(P^I),"一量名"位于句中位置(P^M),假位成分"把"和"一量名"的句法关系较为紧密,位于"一量名"前一个位置(P^{M-1}),述谓结构位于句末位置(P^F)。即如下排列:

NP主语 + 把 + "一量名" +述谓结构
|　P^I　　P^{M-1}　P^M　　　　P^F　|

反映在人际层面上,这种提升小句相当于一个辨识性焦点框架,其人际意图是突显作为焦点成分的"一量名"短语,使受话人的注意力集中于"一量名"焦点的指称对象之上,例如"他把一双脚收了回来"。"一双脚"就是辨识性焦点。而从表征层面来看,这是一个二价述谓性的 SoA,"一量名"是受事角色,主要语义表征是一阶实体,也可以是三阶实体。例如:a. 她把一个老话题提了出来:今晚该做什么菜比较好?(三阶实体)b. 他把一双脚收了回来。(一阶实体)

第五章 类指"一量名"人际、表征和句法层面情况考察

5.1 "一量名"的类指功能

5.1.1 "类指"的概念及表现形式

与"不定指""定指"相同,"类指"也属于"指称"的下位概念。这一概念很早就被引入汉语指称研究之中。在陈平(1987)的指称分类之中,就已经涉及类和个体的概念,他当时采用的说法是"通指",与"单指"相对。陈平在文中所举出的例子是:"苍蝇、海星、蜗牛都是聋子。"很显然,这里的三个光杆 NP 都是指某一类生物,表示"类"而不是"个体"。除陈平之外,刘顺(2003)也采用了"通指"这一说法。而刘丹青(2002)则提出,通指可以被译为generic,相对来说含义比较宽泛,因此在单纯表示一类事物的指称时,偏向于使用类指(kind-denoting)这个概念,与个体指相对应。其他大部分学者,如张谊生(2003)、熊岭(2012)等人也都基本采用了"类指"这一说法。张谊生认为类指与非类指相对,指示整个的"类(class)",是"真实世界中的一类非事实性实体";熊岭指出"类指"表示的是"具有同种属性的对象的聚合体",与"例指"相对应,并认为二者之间的区别可以看成是内涵与外延间的区别。对于这一点,刘丹青的说法更加明确,他指出,类指成分并不是只有内涵而无外延,而是反映着对内涵的突显和对外延的抑制。

由上可见,虽然在说法上略有区别,但从界定上来看,学者们对于"类指"的概念定义基本是一致的。综合前人的看法,笔者认为:

所谓"类指",是指 NP 在话语中,所指称的对象是整个一类的事物或实体,而不是该类中的任何一个具体事物。类指成分与个指成分(或称非类指成分)相对应,突显的是内涵而非外延。

另外,关于汉语中类指成分的表现形式,刘丹青(2002)有过一些说法。他认为在现代汉语中,类指成分最为常见的表现形式是光杆 NP,这是一种典型的类指成分。另外他还称,这种类指性光杆 NP 可以带有定标记"这(轻声,读 zhe,仅限口语)",也可以带无定标记,相当于英语中的不定冠词 a/an。可以看出,此处的"无定标记+NP"的情况其实就是本书所说的"一量名"形式。高顺全(2004)的归纳则更为详细一些,他认为汉语类指表达形式主要有五类:①光杆/准光杆 NP;②这/那+种+NP;③第三人称回指代词;④"一量"+NP;⑤周遍性 NP 成分。从两位学者的分类中我们可以看出,"一量名"成分表类指的情况的确是存在的,也为汉语研究者所承认。下面将具体讨论"一量名"表类指的情况。

5.1.2 "一量名"表类指的具体情况

"一量名"在语境中作为类指成分出现时,与类指性光杆 NP 相似,也不指称单个的实体,而指称一类事物,具体来说,是指称该"一量名"结构中名词成分所代表的某一类实体。例如:"一个共产党员就应当为人民服务。"该例中的"一个共产党员"就是类指成分,不用于指某一个"共产党员",而是以"共产党员"这个 NP 所命名的一类群体。这时候的"一量名"与表不定指的"一量名"是有区别的,不定指"一量名"指称的是某个不确定的个体对象,例如:"<u>一个 20 岁左右的共产党员</u>朝我们走了过来。"显然,这里的"一个 20 岁左右的共产党员"不能看作是指一类人,而是有明确的个体指称对象。

"一量名"之所以能够和光杆 NP 一样,用于表示类指,主要是由于在使用过程中,发生了个体转喻类的情况(刘丹青,2002)。这使得"一量名"在表层形式上仍然是不定指形式,在下文中可以用单数代词来进行回指。如:"<u>一个共产党员</u>应当为人民服务,在他的心中,人民的利益应当高于一切。"这里的"他"回指"一个共产党员"。

5.1.3 类指性"一量名"的判定标准

判定"一量名"在话语中是否能够表示类指,主要应结合以下两个方面来看。

首先,由于类指成分属于指称性成分,并且一定是有指的,因此在大多数情况下,判定"一量名"是类指成分的基本标准就是看其在当前语境里是指称"类"还是"个体"。这就会涉及与定指、不定指"一量名"的区别,后二者虽然一个是可辨识,一个是不可辨识,但都是指称个体,而不是类;只有表类指的"一量名"是指一类事物。具体的例子已在前面给出,这里不再重复。

其次,类指"一量名"可以作为话题,出现在非现实句的主语位置,而不定指和定指"一量名"都不能进入该位置。魏红、储泽祥(2007)对非现实性不定指 NP 主语句做了分类,表示其主语可以分为三种情况:配比性的数量名主语(<u>一个人</u>吃四碗饭)、周遍性 NP 主语(<u>一个人</u>也没有),还有就是类指性"一量名"主语。前两种情况,我们都可以看作是数量型的"一量名",是非指称成分。这也就是说,能进入非现实句主语位置的指称性"一量名",只能是类指"一量名"。另外,刘丹青(2002)也提出了一种判定方法,即同是主语位置,不定指"一量名"和类指"一量名"的区别在于类指"一量名"可以带语气词,而不定指的则不行。例如:

(1) a. <u>一个共产党员</u>啊,就应当为人民服务。
b. *<u>一个20岁左右的共产党员</u>啊,朝我们走了过来。

很显然 b 例是不成立的。并且,我们发现,即使类指"一量名"出现在现实句的主语位置,大多数时候,也能后加停顿。例如:"一根小小的吸管,赢得了事业的辉煌。"而不定指"一量名"主语能后加停顿的接受度则不高,如:"一根吸管,掉在了地上。(?)"

综上两点,判定"一量名"在话语中是否为类指成分,主要看以下三条标准:第一,该"一量名"一定是指称性的,并且是有指成分;

第二，该"一量名"指称的是名词成分所命名的一类事物，而不是指称该类事物中某个特定的个体；第三，该"一量名"可以担任非现实句的主语（话题），并且在主语位置时，不论是现实句还是非现实句，都可以后加停顿，或者带语气词。

另外，此处需要说明一种特殊的情况，有一些学者在其研究中，将"代词/名词+'一量名'同位语"这种结构中的"一量名"同位语也看成是类指成分（李劲松，2013）。但本书认为此处的"一量名"同位语应当被看作是修饰代词/名词中心，是陈述性的"一量名"，因此不放在类指讨论，将在第七章具体分析。接下来的几节将从人际、表征、句法三个层面考察类指性"一量名"的具体功能。

5.2 人际层面的类指"一量名"

在人际层面中，类指"一量名"被看作是一个指称性子行为，存在于话题性的话语行为和辨识性焦点的话语行为之中。在本节中，我们将对"一量名"所在的不同话语行为的内容框架进行分类，在此基础上，分析"一量名"子行为在话语行为和语段中所反映的交际意图、人际功能、交际策略，并从言者立场的角度分析叙事和议论语段中类指"一量名"的内部差异，同时，处理叙事语段中为何采用类指"一量名"而非其他形式（即类指性光杆NP、代词回指形式）作为指称转换形式。

5.2.1 类指"一量名"所处的内容框架

从人际层面来看，类指性"一量名"一般出现在以下两种内容框架之中：①述题为焦点的话题性框架；②辨识性焦点框架。

在述题为焦点的话题性框架之中，类指性"一量名"可以位于话题或者述题层面中，以出现在话题中的情况最为常见。当类指性"一量名"位于这类框架的话题层面中时，其人际情况相对复杂，为了方便描写和分析，我们将之单独列为一类来分析，记为述题为焦点的话题性框架（Ⅰ）；而将"一量名"处于述题层面中的话题性框架记为述题为焦点的话题性框架（Ⅱ）。据此，下文将分述题为焦点的话题性框架（Ⅰ）、述题为焦点的话题性框架（Ⅱ）、辨识性焦点框架这三种情况来考察类指"一量名"的人际情况。

5.2.2 述题为焦点的话题性框架（Ⅰ）中的类指"一量名"

在述题为焦点的话题性框架（Ⅰ）中，类指性"一量名"的主要人际功能是充当话题，或者话题核心成分，述题焦点则是围绕该"一量名"的指称对象或者其相关特征展开的论述。此时，说话人使用类指"一量名"子行为的主要交际意图是向受话人传达自己对"一量名"所代表的某类事物的看法和主观态度，引起自身或受话人对于这一类事物的关注。如下面两个例子。

（2）<u>一个正直的人</u>不但不会欺骗他人的情感，还会善待每一个人。

（3）<u>一个企业</u>的竞争力，与资金、技术、人才都有很大的关系。

上两例中，例（2）的话题成分是"一个正直的人"，其余内容是述题成分；说话人通过该话语行为，向受话人传达了自己对于具有"正直"特点的这一类人的看法，引起受话人对话题"一量名"的关注。例（3）中，"一个企业"位于话题层面之中，是话题的核心成分，述题所传达的信息也与"一量名"子行为是息息相关的。

从话语行为本身来看，"一量名"所在的话题性话语行为可能包含多类不同的以言行事（illocution），从而也会体现出不同的次要交际意图；从语段整体来看，话题层面中的类指"一量名"一般可出现在叙事性和说明性语段之中，作为语段的局部话题，或为语段提供背景信息。根据语段类型的不同，其反映的言者立场（stance）也有所不同，其中还会体现出一定的交际策略。

5.2.2.1 不同类型的话语行为中类指"一量名"的次意图

在 FDG 的人际层面，话语行为的以言行事（illocution）分为两种

115

情况，一种是施为性词汇型以言行事（Performative Lexical Illocution），指的是通过使用显性的施为动词（Performative Verbs）来表达言外之意。例如：I promise I'll be home by eight，这里的以言行事（F_1）就是 promise；另一种情况是抽象性的以言行事（Non-performative Abstract Illocution），这类情况没有显性的施为动词标记，例如，感叹、疑问等语气。通过语料考察，类指性"一量名"所在话题性话语行为通常是第二种情况，即"一量名"出现在表"隐性施为（implicit performatives）"的话语行为中，主要来说有说明型、劝诫型、感叹型、疑问型这几种话语行为。

（一）说明型话语行为中"一量名"的交际次意图

这类话语行为通常暗含着一个说明性的以言行事（declarative illocution），这类以言行事的主要交际意图在于告知受话人该话语行为中被激活的内容。在这种话语行为中，说话人使用类指"一量名"交际意图是：向受话人介绍"一量名"所指称的某一类事物具有的特性。但这种介绍不是一种单纯的属性描述，往往是从说话人视角出发的一种主观看法，是说话人根据其自身社会经验和知识背景，作出的一种判定。

（4）<u>一个有爱心的老师</u>，对待学生会像对自己的孩子一样。

在（4）中，说话人的交际意图主要是告知受话人"有爱心"的这一类"老师"具有"对待学生会像对自己的孩子一样"的总体特征，是说话人的一种主观评议。说明性话语行为不仅可以是肯定性的说明，也可以是表示一种否定性的说明，例如：

（5）<u>一个真正的英雄</u>是不会自高自大的。

这一例中，说话人则意在说明"真正的英雄"这种人群所不会实施的行为，即对于"自高自大"的否定性说明。

（二）劝诫型话语行为中"一量名"的交际次意图

这类话语行为包含一个劝诫性的以言行事（Hortative Illocution），

这类以言行事的主要交际意图是鼓励、劝诫受话人，或者包括自身在内的交际双方应表现出某种行为，在这种话语行为中，说话人对"一量名"所代表的群体的行为举动提出建议，劝说对方怎样做或不怎样做，最终目的是使其接受自己的观点。如：

(6) 一个作家应当避免像纽约的作家那般群集，避免看评论家的文章。

例（6）中的"一个作家"用于指称"作家"这个群体，说话人通过该话语行为，向受话人传达"作家"这个群体应当具备什么样的素质，劝说受话人该怎么去做。也可以是对说话人自身的一种鼓励。

（三）感叹型话语行为中"一量名"的交际次意图

这类话语行为包含着一个感叹型的以言行事（exclamative illocution），传达说话人对于该话题的强烈情感和态度（如喜悦、愤怒、惊讶、兴奋等）。说话人使用类指"一量名"的意图一般是表示对"一量名"指称的某类群体的特征、行为表示不满意或不赞同。例如：

(7) 一个青年怎可以没有荣誉心，和由争取荣誉而来的想象呢！（老舍《无名高地有了名》）

(8) 一个女孩子怎么可能把终身大事随随便便交给一个陌生人做主？（冯骥才《一百个人的十年》）

上述两个例子都体现了说话人强烈的情绪，例（7）表现了说话人对于"青年人"这个群体没有荣誉心和不争取荣誉的强烈反对和斥责；例（8）体现了说话人对于"女孩子"把终身大事交给陌生人的一种惊讶和不赞同。

（四）疑问型话语行为中"一量名"的交际次意图

这类话语行为包含着一个疑问型的以言行事（Interrogative Illocution），用于向受话人求取信息。此处使用类指"一量名"的意图是引发受话人针对言语行为中所谈论的话题展开思考，鼓动受话人为"一量名"所指称的某类事物提供相关的评议或信息。例如：

(9) 一个好老师最应该坚持什么？（《中国教育报》，2014）

该疑问型话语行为中，说话人意图通过交际内容中所提出的疑问，引起受话人思考"老师"这个群体，该"坚持什么"这样一个问题，具有互动的意味。

5.2.2.2 叙事、议论语段中类指"一量名"反映的言者立场

在讨论不定指"一量名"时，我们已经提过"语段（utterance）"这个概念。从语段的人际功能来看，可以区分三种类型的语段：用来叙述一个事件的整体过程的语段，即叙事性语段；用来说明解释某一事物的特征、功能的语段，即说明性语段；用来针对事件发表议论和见解的语段，即议论性语段。

类指性"一量名"主要分布在叙事性语段和议论性语段中。在这两种语段中，说话人使用类指"一量名"时，其具体的交际意图与言者立场有关，因此我们将从立场表达类型、立场表达功能、立场实现手段等角度来分析这两类语段中的类指"一量名"的人际特征。

（一）议论性语段中类指"一量名"体现的言者立场

所谓立场（stance），是指在自然会话之中，社会成员运用一定的交际策略（或手段），从社会文化的领域，来评价和定位自身、他人的公开行为（Du Bois，2007；姚双云，2011）。从立场表达的类型上来看，议论性语段中的类指"一量名"主要体现的是个人立场和社会文化立场的表达。

首先，议论性语段中的类指"一量名"集中体现了说话人的个人立场。在 Englebretson（2007）所提出的"立场五原则"中，第一条原则称："立场表达发生在身体行为、个人信仰（或态度、评价）以及社会道德三方面"。说话人个人立场的表达，实际上就是指说话人自身对于事物或事件的态度、评价和看法。在议论性语段中，说话人使用"一量名"，主要也就是为了向受话人阐明其对该类事物的个人立场。例如：

(10) A₁：（销售是靠人的，店员素质的高低是专卖店销售好坏的基石。）A₂：（<u>一个合格的店员</u>应该是性格开朗，做事干练，产品知识熟练，待人接物温馨和睦，）A₃：（因此对销售人员进行培训至关重要。）

例（10）为一个议论性语段，该语段的中心论点在于第一个话语行为 A₁，主要想表达"销售要靠店员"这样一个中心论点。而 A₂、A₃ 就可以看成是用来补充和证明 A₁ 观点的，说话人使用"一个合格的店员"来表类指，是为了实现其个人立场的表达，对"一量名"这一话题发表自己的主观意见。

在这种个人立场表达的基础上，还可以衍生出两种立场表达功能，一是评议功能，二是劝进功能。在议论性语段中，"一量名"所在的话语行为一般是说明型、劝诫型、疑问型三种情况。说明型和疑问型的话语行为体现的一般是评议功能，即说话人通过评议一类事物，将自己的立场、看法传达给受话人；劝诫型话语行为体现的往往是劝进功能，即说话人在表达自己个人立场的同时，希望劝说受话人也能接受自己的这一立场。如：

(11) <u>一个作家</u>需要哪些素质？第一，要有敏锐的观察力；第二，要有传播作品的能力；第三，要善于带领读者领会你的意图。（知乎）

(12) 百年大计，教育为本。<u>一个国家</u>教育的成败，直接关系到这个民族的未来。振兴教育，培养专业教育人才，为社会主义现代化建设服务是师范教育的重点。（ccl 语料库）

(13) <u>一个有素质的教师</u>应当随时注意自己的言行举止，为学生树立良好的榜样，希望老师们都能记住这一点并为此努力。（中国演讲网）

例（11）、（12）分别属于疑问型、说明型的话语行为，二者都是表示评议功能；而（13）属于劝诫型话语行为，并且根据下文中说话人"希望"的内容，更体现了说话人对于受话人的一种劝诫立场功能。

其次，议论性语段中的类指"一量名"有时候也会从侧面反映一种社会文化立场。Du Bois（2007）认为，立场总是会潜在地或者明确地去激活一些预设的社会文化价值体系（详见姚双云 2011）。也就是说，有时说话人对"一量名"所指事物的评价，可能是说话人脑海中所存在的共有性社会文化信息，比如说一些普遍性的社会现象，或是为社会群体普遍认可和接受的原则、道义、规范等。

这种社会文化立场的表达，对说话人来说，可能是有意的也可能是无意的，但无论是哪种情况，这种社会文化立场的介入都会增强言者的表达语力，使得其对"一量名"的议论性评价更有信服力。例如：

(14) A₁：（自然，<u>一个有金钱与地位的人</u>，走到哪里也会受欢迎；）不过，在英国也比在别国多些限制。比如以地位说吧，假如一个作讲师或助教的，要是到了德国或法国，一定会有些人称呼他"教授"。不管是出于诚心吧，还是捧场；在英国，除非他真正是位教授，否则，绝不会有人来招呼他。（老舍《英国人》）

上例是一个典型的议论性语段，在语段中，"一量名"所在话语行为 A₁ 不仅体现了说话人的个人立场表达，也体现了一种社会文化立场。显然，有"金钱""地位"的人，自然会"走到哪里也受欢迎"，这是一种社会性的共知信息。说话人通过这样一种社会立场表达，为下文的议题"在英国比别国多些限制"这一点作了一个铺垫。同时，因为这种表达是"社群共享的社会道义"（Englebretson, 2007），也更利于受话人接受，增加了其可信度和表达语力。

最后，类指"一量名"作为一种话题的概指化表达，是立场表达实现的一种手段。在议论性语段中，这种类指"一量名"的立场表达基本上与另一种概指化表达形式——光杆 NP 是相似的，有时候也可以互换，不会影响其立场表达。

(15) a. 一个有金钱与地位的人，走到哪里也会受欢迎；

　　a'. 有金钱与地位的人，走到哪里也会受欢迎。

　　b. 一个作家需要哪些素质？

　　b'. 作家需要哪些素质？

显然，在例（15）中，a 例和 a' 例之间可以互换，b 例和 b' 例也可以互换，并不会影响其立场的表达。

（二）叙事性语段中类指"一量名"体现的言者立场

叙事性语段中的类指"一量名"主要出现在感叹型、劝诫型、说明型的话语行为之中，从立场表达的功能来看，说明型话语行为主要具有评议功能，劝诫型话语行为主要是劝诫功能，感叹型话语行为则兼具评议和劝诫功能，还有自省的功能。

与议论性语段一样，"一量名"也可以体现个人立场和社会文化立场。另外，在叙事性语段中，表类指的"一量名"还能体现互动立场。诚然，议论性语段也会表现出一定的互动性，但在叙事性语段，尤其是对话中，这种与受话人之间的互动会表现得更为明显，而且类指"一量名"的使用可以看作是说话人为了更好地互动而采取的交际策略。为了讨论这几种立场的情况，我们先要来看一看叙事语段中类指"一量名"在指称方面的特殊性。

叙事性语段中的类指"一量名"的指称情况与议论性语段略有不同，其所指往往不是一个全新的指称，在上文中会出现对相关客体的论述，这时候的类指"一量名"带有一种回指的意味。例如：

（16）除了规矩而外，英国人还有好多不许说的事：家中的事，个人的职业与收入，通通不许说，除非彼此是极亲近的人。一个住在英国的客人，第一要学会那套规矩，第二要别乱打听事儿，第三别谈政治，那么，大家只好谈天气了，而天气又是那么不得人心。（老舍《英国人》）

（17）她说："……我没主意，请你们给我做主，说我该怎么办？"我完全懵住了。一个女孩子怎么可能把终身大事随随便便交

给陌生人做主。(冯骥才《一百个人的十年》)

这两个语段的区别是显而易见的,例(16)是议论性的,例(17)是叙事性的。并且,例(16)中的"一个住在英国的客人"是一个全新的指称,指称对象是前文中没有提及的一类事物;例(17)则不同,说话人所说的"一个女孩子"既有指"女孩子"这一类人群,也有指前文中提到的"她"的意味。

关于这种指称现象,白鸽(2014)认为这是同位短语"代词+一量名"省略了前件代词,在句法上与类指"一量名"产生偶合的现象,也就说这里的"一个女孩子"相当于"她一个女孩子"。白鸽还指出,说话人这样用是有意为之,为的是:①与上文中某个实体相联系,保证语篇的连贯;②反映一种普遍的规律和道理。

对此,我们认为不能单纯地将这里的"一量名"与"代词+'一量名'"同位结构等同起来。原因有三:一是这两种情况的"一量名"在话题位置都有使用,且用例均不在少数。二是这两种情况下"一量名"的指称功能不同,单用的"一量名"表类,是指称性的;而"代词+一量名"结构中的"一量名"表属性,是陈述性的。三是在语境中,这两种表达一般也并不适合互换。例如:

(18)她说:"……我没主意,请你们给我做主,说我该怎么办?"我完全懵住了。<u>一个女孩子</u>怎么可能把终身大事随随便便交给陌生人做主。(冯骥才《一百个人的十年》)

(19)贵英哈的女儿妮喇英哈坚决要求从军,为父报仇。林丹也只得同意。再说扬古利正在指挥士兵骂阵,忽听鼓声大作,城门大开,一女一男,两员将领出城来到两军阵前。扬古利遂催马出阵,用刀一指说道:"这两军阵前,是厮杀的战场,你<u>一个黄毛丫头</u>跑来作甚?"(李文澄《努尔哈赤》)

例(18)中的"一个女孩子"是表示类,而例(19)中的"一个黄毛丫头"更偏向于强调"她"的属性是"黄毛丫头"。如果把例

(18)换成"她一个女孩子怎么可能把终身大事交给陌生人",则这里的言外之意就会被理解为"她"主观上不会这样做;而根据上下文可知,这里想要表达的是说话人对于"她"这样作了的一种惊讶和不解,因此显然不适合替换。例(19)也是如此,这里说话人想强调"你(妮喇英哈)"才是动作"跑来"的发出者,而不是具有"黄毛丫头"特征的某一类对象。并且,去掉代词"你",指称对象也不易明确,反而会造成读者阅读上的困难。

另外,白鸽对于说话人使用"一量名"的交际意图分析有一定的道理,但仍不够清楚。笔者更赞同姚双云(2015)❶的看法,认为这是一种"离题性的指称转换",这种指称转换是说话人的交际策略,反映了其言者立场。下面我们就结合三个方面的立场来分析这种指称转换,并讨论此类情况中不适合使用其他语言形式的原因。

首先,叙事性语段中的类指"一量名"也可以体现说话人的个人立场和社会文化立场。与议论性语段不同的是,此时"一量名"体现的言者立场往往是这两种立场的结合。一方面,这种指称上的转换扩大了论断的辖域,使得说话人自身的个人立场上升到社会道义、信仰的层面;另一方面,说话人对"一量名"的论断,是有目的地针对先前语境中的某个对象或者事件而发表的,即用社会道义来促成个人立场的表达,最后实现劝诫、自省或评议的功能。我们可以根据具体实例来分析。

(20)谭明超切盼有那么一天,打个大仗,他给贺营长当电话员。想想看……这有多么光荣!他的想象使他兴奋得要跳起来欢呼!<u>一个青年怎可以没有荣誉心,和由争取荣誉而来的想象呢!</u>(老舍《无名高地有了名》)

例(20)的"一量名"处于一个感叹型的话语行为之中。在整个语段中发生了指称上的转换,由一开始的具体指称"谭明超"换成了

---

❶ 此处参考姚双云先生2015年在"名词及相关问题研究学术研讨会"上的发言。

"他","他"又换成了"一个青年",用着重号标出。在这种指称转换中,说话人使用类指"一量名",体现了社会文化立场,即在社会公认的信仰体系中,"一个青年"就应该要有荣誉心、并不断争取荣誉。同时,说话人又用这种社会道义来激励自己,强化自己的个人立场。

该情况下,从表达形式上来看,类指"一量名"不适合换成光杆 NP。因为这里用"一量名",是说话人有意为之,是一种交际策略,即:为了增强个人立场的表达力度,使之更有说服力,说话人将个人论断上升到社会道义层面,故使用指称转换,由个指转为类指;但同时,这里并不是单纯地想表达一种社会道义信息,而是要借此来教育个人,所以在类指的表达形式上,选择了"一量名"形式而非光杆 NP 形式。

其次,由确切的定指对象向类指"一量名"的指称转换,还能体现说话人的互动立场。这种立场在对话形式中更为明显,表达出一种人际上的互动,表示对于他人立场的趋同/不趋同,或者希望他人能对自己所表达的立场产生趋同倾向。例如:

(21) 黑皮女子用充满同情的腔调问道:"小孩,你怎么搞得呀,是谁把你铐起来的?"

阿义说:"一个老爷爷。"

老 Q 问:"他为啥把你铐起来?"

阿义困惑地摇摇头。老 Q 夸张地笑了几声,转脸对同伴们说:"怪事不?<u>一个老爷爷</u>,竟然无缘无故地把一个少年儿童铐了起来?!"他伪装出一副凶恶面孔对着阿义:"你一定干了什么坏事!是偷了他家的母鸡呢,还是砸碎了他家的玻璃?"

阿义委屈地说:"我没有偷母鸡,也没砸玻璃。我的母亲病得不轻,吐血了,我去抓药……"(莫言《拇指铐》)

例(21)中,几个人的对话中所关注的指称对象其实是很明显的,就是"阿义"所提到的"老爷爷"。但"老 Q"对这一具体指称对象的指称方式却多次发生转变,即"他——一个老爷爷——他",用着重号标出。他在话语中，使用类指"一个老爷爷"而不用"他"，一方面反映了老Q对于阿义所表达的个人立场的不趋同和不信任。还体现了他希望通过这种互动立场的表达，引起"同伴们"对他的想法的趋同。这里如果换成回指代词"他"或者类指成分"老爷爷"，则不能达到这样的语用效果。

（三）标题式语句中类指"一量名"体现的言者立场

前面讨论不定指的时候已经提过，标题式语句可以看成一种特殊的叙事性语段，具体来说，包括标题（heading）、题目（title）、报纸头条新闻（newspaper headline）等类型。就类指"一量名"出现的情况来看，通常是在新闻头条之中，为了引起读者阅读的兴趣而出现。这种类指"一量名"虽然指称的是一类事物，但还有一种表主观小量的夸张意味（许剑宇，2011）。既体现了类，又强调了小量，故这时候的"一量名"与光杆NP也通常不能互换。从立场表达来看，体现了一种互动立场，说话人这样使用是为了让标题更有吸引力，能第一时间抓住读者的眼球，使受话人迫不及待地想看下去。例如：

（22）《一条鱼拉动中山东镇经济腾飞》（《人民日报》）
（23）《一竿翠竹引领环保经济潮流——安吉竹博会1天签3张大单》（《杭州日报》）

以上两个标题中，"一条鱼"指的是脆肉鲩鱼，"一竿翠竹"指的是安吉地区的环保竹这一类事物，都是类指的用法。其显性的指称意图是指这两类事物（鱼和竹子），实际上指的是鱼产业和竹制品产业。我们以（22）为例来具体讨论。这里，说话人不直接说"鱼产业拉动经济发展"，而是运用"小量"的"一条鱼"，有一定的夸张意味，却能更加体现出该产业在"山东""经济发展"中的作用。同时，也是为了引起读者的好奇心，使他们思考：仅凭"一条鱼"，究竟会如何"拉动经济腾飞"？这就会促使受话人继续阅读下去。如此一来，说话人的立场表达也就得到了实现。

5.2.3 述题为焦点的话题性框架（Ⅱ）中的类指"一量名"

在述题为焦点的话题性框架（Ⅱ）中，类指性"一量名"的主要交际功能是充当述题的一部分，使用这类"一量名"的意图不在于针对其所指的一类事物进行评议，而是有其特殊的意图。这种情况主要出现在叙事性语段中，与担任话题的"一量名"一样，是说话人有意为之的指称转换。说话人使用这种交际策略的意图在于：第一，暗示受话人，前文的那个具体指称对象（也可能就是受话人）属于"一量名"所指的群体，具有这类群体的属性。第二，在不便明说的情况下，这很可能是一种委婉的交际策略，说话人用类指"一量名"来模糊其指称对象。从言者立场来看，这都是为了互动的需要，体现了言者的互动立场。

(24) 几天以后，江青又来夜访，凶恶的面孔，气势逼人，史东山更难承受。经过较长时间的沉默之后，江青走了。史东山向家人说出了一句话："我怎么能受<u>一个女人</u>摆布！"（《作家文摘》1994，ccl 语料库）

(25) 振保笑道："不怕我？"娇蕊头也不回，笑道："什么？……我不怕同<u>一个绅士</u>单独在一起的！"振保这时却又把背心倚在门钮的一只手上，往后一靠，不想走了的样子。他道："我并不假装我是个绅士。"娇蕊笑道："真的绅士是用不着装的。"（张爱玲《红玫瑰与白玫瑰》）

两例中的类指"一量名"都处于述题层面之中，体现了指称的转换和互动立场。例（24）中，"史东山"使用"一个女人"这个类指表达，既可以反映出他对于"江青"这个"女人"的不耻和愤怒，同时也模糊了具体指称，体现了他在当时"文革"人人自危的环境下，对"江青"仍有一定的忌惮，这一点从前文中的"难承受""沉默"也可以看出；例（25）中，"娇蕊"表面上说的是她不怕和"绅士"在一起，因为在双方的社会共知中，"绅士"这个群体就是不会对女孩子做坏事的；但同时也暗含了"振保"是"绅士群体"中的一个，所以不怕和他在一起这样一种意思。此处结合语境可知，两人实际上是在调情，娇蕊不明说"我不怕和你在一起"，不用"你"而用"一个绅士"，能够更好地体现说话人欲拒还迎的意图。而从下文振保继续沿用了"绅士"这个指称形式也可以看出，"娇蕊"的这种互动立场得到了很好的传递，为受话人所纳得。

5.2.4 辨识性焦点框架中的类指"一量名"

类指"一量名"所处的辨识性焦点框架是一种比较特殊的内容框架，该框架包含一个或多个话语行为，而这些话语行为都处于同一个话步之中，该话步通常还有一个对比（contrast）或重叠（overlap）作用词。根据这两种作用词的不同，辨识性焦点框架也会有所不同，我们分别称之为重叠性焦点框架和对比性焦点框架。

5.2.4.1 重叠性焦点框架中的"一量名"

重叠性焦点框架代表着一个话步，该话步一般由多个话题性话语行为组成，且这些话语行为的述题成分是完全相同的，并作为已知信息在前一个话步中被提及。这时候的"一量名"作为话题，出现在后一个话步的多个话语行为之中，该话步的交际内容中包含着一个重叠作用词，说话人使用这种框架的主要交际意图是反映多个"一量名"话题的共同特征。这时候的"一量名"就是该框架的辨识性焦点信息，反映了对话题信息的更新。例如：

(26) M_1：[有阻力就有向上破土的萌芽，有高峰就有向上不止的攀登。] M_2：[A_1：(<u>一个社会</u>如此，) A_2：(<u>一个民族</u>如此，) A_3：(<u>一个人</u>也是如此。)] (ccl 语料库)

如在例（26）中，述题所表达的信息应当是"一量名"所在话步（M_2）的前一个话步，即 M_1。在 M_2 中，存在三个"一量名"话题成分，即"一个社会""一个民族""一个人"，分别位于三个话语行为

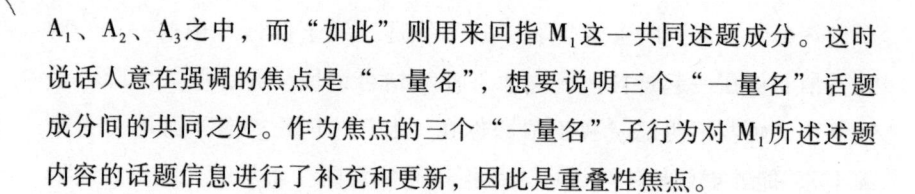

A_1、A_2、A_3之中,而"如此"则用来回指 M_1 这一共同述题成分。这时说话人意在强调的焦点是"一量名",想要说明三个"一量名"话题成分间的共同之处。作为焦点的三个"一量名"子行为对 M_1 所述述题内容的话题信息进行了补充和更新,因此是重叠性焦点。

5.2.4.2 对比性焦点框架中的"一量名"

对比性焦点框架也代表着一个包含多个话语行为的话步,其整体交际内容受到对比作用词的影响,说话人主要的交际意图是比较两个或多个话语行为在交际内容上的不同之处。通常来说,这几个话语行为会包含一部分共有的已知信息,而进行对比的未知信息就是该对比框架的辨识性焦点,反映了对已知信息的更新。"一量名"通常作为辨识性焦点的话题成分出现。为了更好地说明,可以结合下例来看。

(27) M_1:〔A_1:(一个民族如果失掉了理想,就会衰败;)A_2:(一个人如果没有了崇高的理想,就失去了人生的精神支柱,失去了方向和活力。)〕(来自网络)

例(27)中,M_1 是一个对比性焦点框架,在 M_1 中包括 A_1 和 A_2 两个独立性的话语行为,但二者的交际内容中有部分共有的已知信息,即"没有了理想"这一信息,用着重号标出。说话人意图比较"一个民族"和"一个人"在"没有理想"的前提下,表现出来的不同情况。"一量名"是辨识性焦点的话题,也是说话人想要集中比较的对象。

根据"一量名"的不同情况,对比性焦点框架可以反映以下几种对比情况:

(一)由两个或者多个"一量名"指称的几类事物之间的对比

(28)一个民族如果失掉了理想,就会衰败;一个人如果没有了崇高的理想,就失去了人生的精神支柱,失去了方向和活力。(来自网络)

例（28）的整个语段包括两个话语行为，其话题分别是"一个民族""一个人"，指称两类不同的事物，而述题内容则对比了这两类间的不同之处。

（二）同一大类中几个小类的对比

（29）<u>一个悲观的人</u>总是先被自己打败，再被生活打败；而<u>一个乐观的人</u>则是先战胜自己，再战胜生活。（来自网络）

例句中的话题"一个悲观的人""一个乐观的人"都是"人"这个大类的下位分类，述题反映了这两类不同的"人"对于"生活"这一对象的不同态度，就此展开了对比。

5.3 表征层面的类指"一量名"

5.3.1 类指"一量名"所在的 SoA 类型及其情态

从人际层面的分类和分析可以看出，类指性"一量名"作为一个指称性子行为，只能出现在话题性的话语行为之中，因此，对应到表征层面，类指"一量名"所在的 SoA 类型一定是一个述谓性框架（Predication Frame）。且类指"一量名"是该事件状态的参与者，总的来说，一般以充当施事参与者的情况居多，有时候也可以是受事参与者、定位参与者。

另外，由于人际层面中类指性"一量名"出现的话语语境相对复杂，以非现实性的评议居多。反映在表征层面，"一量名"所处的非现实性事件状态（irrealis SoAs）具有不同的情态（modality）类型，可以是事件导向型的情态，也可以反映个人导向型的情态。在 FDG 中，情态被看成是事件状态的一个作用词（operator），被放在表征层面处理。

在接下来的小节中，我们将首先讨论述谓性事件状态中"一量名"的语义表征特点，并分析其原因；然后再从现实和非现实的角度，分析"一量名"所在非现实性事件状态的不同情态类型。

5.3.2 述谓性 SoA 中类指"一量名"的语义表征及动因

在述谓性 SoA 中，类指"一量名"可以充当施事角色和受事、定位角色，以施事角色的情况居多。由于"一量名"充当施事角色时，语义表征相对复杂，故将这两种情况分开讨论。

5.3.2.1 充当施事角色的类指"一量名"

类指"一量名"充当施事角色时，其所在的 SoA 可以是一价述谓 SoA，也可以是二价述谓 SoA，不影响"一量名"的表征，因此不再区分这两种情况。该 SoA 以非现实性 SoA 为主，即往往是从普遍现象、规律的角度对事件的描述。"一量名"的语义实体类型主要是表人的一阶实体。既可以是"一个人"这种表达，也可以是与"人"的各方面属性相关的下位一阶实体，具体来说，可以是与性别、年龄、品行、职业、地位、国籍等属性相关的指人一阶实体。而该述谓性 SoA 则是描述与该类一阶实体有关的事件状态。具体例如：

(30) a. 一个女人就应该好好待在家里。（性别相关）
b. 一个青年必须积极向上，不断进取。（年龄相关）
c. 一个绅士是不会欺负女孩子的。（品行相关）
d. 一个老师应当善待自己的学生。（职业相关）
e. 一个领导就该有领导的气度和胸襟。（地位相关）
f. 一个法国人会对女孩子很温柔，英国人则不会。（国籍相关）

这里有一点需要说明。在人际层时，我们曾讨论到，叙事性的语段中，有时候类指"一量名"是作为一种指称转换形式出现的，这种情况下，由于"一量名"带有一定的回指意味，故反映在表征上，"一量名"所示一阶实体的属性往往与前文中出现过的被回指的对象保持一致。例如：

(31) 我老婆就喜欢出去玩，我却觉得一个女人就该好好待在家里。

该例中的类指"一量名"是"我老婆"的另一种指称形式，"一量名"包含着与性别有关的属性，而这一属性特征与前文的"我老婆"所具有的属性（性别为女）需要保持一致。比如这里就不能换成"一个男人"，否则语法上虽然成立，表征上却是有问题的。

在一些议论性的语段中，类指"一量名"还可以用于表征一种特殊的一阶实体，即语义上表示人的集合，如国家、公司、社会、民族等。这种情况下，从字面上看表示的是某个集合体，但实际上指称的是集合体内的成员，因此也属于表人的一阶实体。如下例：

(32) 一个合格的国际承包公司应由三类人才群体组成：一是经营管理人才，二是专业技术从才，三是商务金融人才。（1994年《报刊精选》）

例（32）中，"一个合格的国际承包公司"是类指成分，其指称的语义实体实际上是"合格的国际承包公司"的人员或成员，因为从下文语境来看，"人才群体"所能组成的也应当是"人"的群体，因此这里的"一量名"是表人的一阶实体。

除此之外，类指"一量名"充当施事角色时，其语义实体类型有时候还可能是非一阶实体。这种情况仅出现在新闻标题所代表的 SoA 中，这种 SoA 都是现实性（realis）的。根据许剑宇（2011）的总结，这种新闻标题里，类指"一量名"所指称的对象大概分为如下几种：①指称某一个地域里的特产；②指称某一种品牌；③指称某一项工作、职业；④指称特定的事件。许文中分别举了如下几个例子来说明：

(33) a.《湖南炎陵：一根竹子改变一个贫困县》（《经济日

报》）

b.《谭鱼头神话，一个鱼头卖了五个亿》（《中国青年报》）

c.《一团面捏遍"绍兴"》（《杭州日报》）

d.《一棵圣诞树传导金融海啸》（《都市快报》）

在许剑宇的分析中，a 例中的"一根竹子"指称的是"笋竹培育基地"，b 例中的"一个鱼头"指称一个品牌"谭鱼头"，c 例"一团面"指称的是"捏面人马居国的手艺"，d 例"一棵圣诞树"指称的是"义乌圣诞树的生意"。

笔者认为，这种分类过于烦冗。首先，a、b 两例中的"一量名"可以看成指称的都是"一种特定的产业"，a 例的"一根竹子"其实是"湖南炎陵"生产笋竹的"竹产业"，是这个产业改变了"贫困县"的状态，而不是"基地"；b 例更明显，"一个鱼头"就是"谭鱼头"这种"鱼产业"，因此 a、b 例中的"一量名"可以认为是表征事件状态，语义类型为二阶实体；例 c 指称职业，是属性，可以看作零阶实体；d 例与 a、b 中的"一量名"同样属于二阶实体，表事件状态。

另外，新闻标题中的"一量名"还能是表物的一阶实体，许文中提到过这样的例子。

(34)《一台电视机看时代的变迁》（《浙江日报》）

该例中的"一台电视机"不是用来指称别的事物，就是指称"电视机"这类事物本身，属于表物的一阶实体。

综上，新闻标题型 SoA 中施事类指"一量名"所表示的语义实体类型可以是：①表属性的零阶实体；②表物的一阶实体；③表示事件状态的二阶实体。

5.3.2.2　充当受事、定位角色的类指"一量名"

类指"一量名"充当受事、定位角色时，其所在的事件状态一定是二价动态型的述谓 SoA，以现实性（realis）的 SoA 为主，也可能是针对已发生的现实性事件的评议。其语义实体类型相对简单，只能是表人的一阶实体，并且主要出现在叙事性语段中，是前文提到的某事物的一种指称转换形式，所示一阶实体的属性也要与前文中出现过的被回指的对象保持一致。例如：

(35) 定大爷的口里还有不少好几年前流行而现在已经不大用的土语。这叫他感到不是和<u>一位青年</u>谈话呢。(老舍《正红旗下》)

(36) 你不该欺负小张，真正的男子汉不会欺负<u>一个比自己弱小的女孩子</u>。(自拟)

例 (35) 中的"一位青年"是与事，在 FDG 中看成定位角色；例 (36) 中的"一个比自己弱小的女孩子"则是受事角色，二者都是表人的一阶实体。

5.3.2.3 类指"一量名"的语义表征的动因

从前几个小节的描写、分析中可以看出，与不定指、定指"一量名"的多项表征功能不同，话语中的类指"一量名"在语义上倾向于表征一阶实体，并且基本上是表人的一阶实体。只有在特定的情况下，即新闻标题之中，才有表二阶实体、零阶实体、指物一阶实体的用法。那么，造成这种语义表征的动因是什么呢？

我们认为，这主要与语义实体的认知显著性、社会规约性，以及是否在语境中激活属性这三个因素有关。

首先是认知显著性。结合人际层面和表征层面的分析，我们注意到，类指性"一量名"主要充当话题成分和施事角色，这就要求其所指称的语义实体在认知上具有显著性。这种认知显著性主要可以通过有生性、自主能动性、支配性体现出来。也就是说，作为话题和施事的语义实体应当是生命度较高，在行为链中处于支配地位，能够自主能动地去实现事件状态的实体（entity）。参考沈家煊（1999：208）等学者的看法，我们可以根据这几个属性的强弱，来定位认知显著性的

等级，所示如下：

认知显著性

高————————————————低

有生性	人类 > 有生生物 > 无生生物 > 抽象事物
自主能动性	高自主能动 > 低自主能动 > 非自主能动
支配性	强支配 > 弱支配 > 非支配

从语义类型来看，表人的一阶实体在话语中的生命度（animacy）是最高的，并且在人们的普遍认知中，一般认为人区别于其他生物的最大特点就是具有主观能动性，因此"人"具备自主地去实现事件状态的能力，有较高的自主能动性。而支配性，其实与FDG中的能量输入（Input of Energy）有关。在行为链中处于支配地位的往往是能量流动（flow）的来源，是能够引起一些相关变化的主体（Keizer, 2015: 134），从这一点上来看，表人的一阶实体一般也比其他实体更适合作为发出动作，引起变化的能量来源。因此，综合这三个方面来看，表人一阶实体是类指"一量名"最为典型的表征形式。

其次是社会规约性。语言是一种社会性行为，言语交际也是社会互动的一部分，会受到社会规约的影响。社会规约具有社会区分功能，即会把人划分为不同的社会群体，这才有了不同国家、民族等群体概念。社会规约的这种功能使得语言中，公司、民族、国家等集合名词用来代表"人"的集合体，因此它在人们的社会认知中也具有认知显著性，这就可以解释为什么"一个国家""一个公司"也可以被看作是表人一阶实体，进入类指"一量名"的框架。

再次，类指"一量名"所指称的语义实体，在语境中往往是用于激活属性的实体，这一点在叙事语段中体现得更为明显。尤其是在"一量名"作为受事或者定位角色出现时，其回指性是很强的，一定与前文中某个指人的定指对象的属性有关，说话人使用这个"一量名"，实际上是激活了该定指对象的某种特定属性，将之归为某一类事物。因此，此时"一量名"所代表的语义实体也必须是指人的，并且很少用"一个人"，因为这样激活属性并不明显；一般多为"人"这一类的下位概念，如职业、年龄等前文已经归纳过的一些类型。

还有一种原因，即由说话人有意为之的转喻引起的特殊表征形式。说话人会用一些具体的个体事物（如"一条鱼"），来转喻比较抽象的一类事物（如"鱼产业"），这可以看作是一种交际策略的表征体现，仅出现在新闻标题之中。从表层语义来看，"一量名"指称的是表无生事物的一阶实体，但实际上指称的却是抽象的二阶、零阶、三阶实体等。这种表征形式使得实体对象的语义由抽象转为具体，有利于读者理解，也能引起读者的好奇心，是说话人的交际策略在表征上的一种反映。

5.3.3 "一量名"所在非现实性 SoA 的情态类型

在 FDG 的事件状态框架中，非现实性述谓 SoA 之所以会出现，主要是 SoA 中的情态性作用词（Operator of Modality）导致的。在语言中，这种情态作用词可以以显性的情态标记出现，例如，英语中 may、have to，汉语中的"可能""可以"等；也可以是隐性的，在 SoA 中没有特定的标记，但可以根据语境推断表示非现实情态，例如，"If he comes here, I will pick him up."（"如果他来，我就去接他"）。这里 will 表示的是一种非确定的未来（uncertain future, Hengeveld, 2008：175），带有 may（可能）的意味，暗示着"去接他"是一种可能性。虽然看上去并无情态标记，具有隐性情态作用词。

根据作用词的不同作用，非现实性述谓 SoA 中的情态也可以分为多种，这里主要结合 Hengeveld（2008）和 Keizer（2011）的理论，区分事件导向型情态（event-oriented modality）和参与者导向型情态（participant-oriented modality）两大类，其中，事件导向型情态还有客观认知（objective espistemic）情态和道义（deontic）情态两个下位分类，参与者导向型情态也可以进一步分为特许性（facultative）参与者导向型情态和道义性（deontic）的参与者导向型情态。就"一量名"所在的非现实性述谓 SoA 而言，包含事件导向型和参与者导向型情态作用词的情况均有出现。

5.3.3.1 "一量名"所在 SoA 的事件导向型情态

在包含类指"一量名"的事件导向型 SoA 中，既有客观认知情态的 SoA，也有道义情态的 SoA。客观认知情态用来表示具有某种逻辑可能性（Logical Possibility）的存在，这种可能性是客观的，其中不含说话人的主观性判断，主要是反映一种常识性的发展趋势或者应有的逻辑状态（Hengeveld & Mackenzie, 2008: 174）。这时候 SoA 具有一个可能性作用词，用 Prob 表示。在这种情况下，类指"一量名"一般是指人的一阶实体，也可以是用来指人的集合体，如国家、公司等。例如：

(37) 一个国家如果能够普及教育，就能增强公民的自我意识和社会意识。（网络）

(38) 精神因素可以直接影响人体脏腑的生理功能。一个人如果精神愉快、性格开朗，并对人生充满乐观情绪，那他的身体就能处于阴阳平和、气血通畅、脏腑协调的健康状态。（《给老爸老妈的 100 个长寿秘诀》）

(39) 一个合格的评估人员要掌握财会知识、经济知识、一定的工程技术知识和相应的法律知识，要有经验，树立廉洁高尚的职业道德。（1994 年《报刊精选》）

前两例反映一种逻辑上的可能发展趋势，这种发展趋势是常识性的，不掺杂说话人的主观情感，只是针对这种可能性的逻辑推理，如例（37），在这个事件状态中，如果"一个国家"这个事件参与者能做到"普及教育"，自然而然就会带来"增强公民意识"等客观结果，因此这个 SoA 反映的是一种客观认知情态。例（38）也是一样，整个 SoA 是一个中医理论的说明，反映了"一个人"如果保持"乐观"，就会"健康"的这样一种逻辑可能性，体现的是客观的认知。例（39）描述了某类人群的应有逻辑状态，即"掌握""财会知识、经济知识"等要求是"一个合格的评估人员"的可能性条件和应有的逻辑状态。

道义情态用来表示义务性、强制性的或者被一定道德法规或法律系统所许可的存在。这种情态用来表示引导性的普遍规则，反映一种客观的必然性（Hengeveld & Mackenzie, 2008: 174）。这时候事件状态具有一个义务性的作用词（Operator Obligation，用变量 obl 表示）。在

这种情况下,"一量名"一般只能是表人的一阶实体。例如:

(40)　一个人只要他持有英国护照,他就具有英国国民的身份,他在英国或在任何地方,如果投向国王陛下的敌人,就要受到叛国罪的惩罚。(ccl语料库)

例(40)中,从语境中可以推测,这一事件状态与一定的法律系统有关,是一种客观的规定,用来引导群体,即"持有英国护照"的这一类"人"遵循SoA所述的具体事项,反映了客观的必然性,"一量名"成分"一个人"用于指称一阶实体。

5.3.3.2 　"一量名"所在SoA的参与者导向型情态

参与者导向型情态也用来描述可能性或者愿望性,但是是从说话人或者受话人之一的视角来看的,是一种主观性的情态,并非是客观事件所体现出来的(Hengeveld & Mackenzie, 2008: 212)。在包含类指"一量名"的这类SoA中,既有特许性情态的SoA,也有道义情态的SoA。这时类指"一量名"一般都是与"人"的各方面属性相关的下位一阶实体,如之前提到的"一个绅士""一个领导"等。

特许性情态用来表示一个事件参与者在既定的事件状态中有/无能力去参与,这种能力是这个事件参与者主动具备的,可能达到的一种状态。这时候SoA也具有一个可能性作用词(Prob)。具有这种情态的非现实性述谓SoA往往会具有一个显性情态标记,如"能""能够"等。例如:

(41)　有哪一个富人肯把自己无用的另一个肾卖掉?又有哪一个穷人能高价买得起肾?(ccl语料库)

(42)　"一个男人能够掏心掏肺地爱一个女人,这说明他至少不是个自私鬼,是个重情重义的人。"(《历史的天空》)

例(41)的SoA中,事件参与者"一个穷人"指称具有"穷"

属性的这一类人，而该特许性 SoA 是说话人判断的结果，即判断"穷人"没有能力去参与"买肾"这一既定事件状态。例（42）中，SoA 出现在对话之中，是说话人认为在事件状态中，"一个男人"具有"掏心掏肺爱一个女人"的能力，并且在展现这种能力之后，会达到一种状态，即能够体现出"他不是个自私鬼，而是重情义的人"。这几个 SoA 的主观性都很强，并且都包含一个显性的情态标记"能"或者"能够"。

道义情态用来表示一个事件参与者被允准参与某一个既定的事件状态，即说话人或者受话人认为事件参与者应当怎么去做，或者可以怎么去做，甚至是不应该怎么做。这时候事件参与者参与事件状态的能力是被动具有的，反映了说话人/受话人的主观愿望和评价。这时候，该 SoA 也可以包含显性的情态标记，并且相对多样，如"（不）应该、应当、必须"等，当然，也有只有隐性情态而无明显标记的情况。例如：

（43）他说，他背井离乡在重庆呆了 4 年，难得与家人见面，家人有很多不满，但是<u>一个男人</u>应该成就自己的事业。（新华社 2001 年 7 月份新闻报道）

（44）贺营长的心里安定下去，决定好好地去练兵，好好去检查一下全营，有什么缺欠，及早地补救。<u>一位英雄</u>是不会自高自大的。他是时时争取更多的荣誉，而不沉醉在过去的功劳里，以致前功尽弃的。（老舍《无名高地有了名》）

（45）尼采是主张，<u>一个人</u>必须自爱、自尊、自强，有独特的个性，才能真正造福他人。（周国平《一位哲学家的诗》）

这几个事件状态都反映了说话人对于某一类事件参与者参与既定事件状态的主观愿望和评价，着重于劝说、希望，或教导事件参与者实施或不实施某项行为。例（43）中，说话人"他"认为"一个男人"应该"成就事业"，是对于这一事件状态的肯定性评价，认为事件参与者应当实施这一行为。例（44）中，是从"贺营长"的视角出发来看"一量名"所在事件状态的,"贺营长"相当于一个话语参与者,这个 SoA 是他的心理活动。"贺营长"认为"一位英雄不会自高自大",是对于"自高自大"的否定性评价,认为事件参与者不应实施这一行为。例(45)中,提及"一个人必须自爱、自尊、自强",还包含了说话人的主观愿望,劝说受话人这样去做。

从情态标记来看,例(43)、(45)都具有显性的情态标记,分别是"应该""必须",而例(44)却是隐性的情态,无明显标记。表面上只说"不会自高自大",但实际暗含着一种说话人在心理上对于"自高自大"的不支持,含有"贺营长"认为"一位英雄不应该自高自大"的这样一种言外之意。

5.4 句法层面的类指"一量名"

在句法层面,类指"一量名"主要可以出现在以下几类小句框架(clause frames)中:①一般性述谓句;②"左—右"分离性述谓句;③同型话题结构。

5.4.1 一般性述谓句中"一量名"的句法特征

从句法层面来看,类指"一量名"常出现在一般性的述谓句中,其句法位置有三种,一是位于句首,二是位于句中、句末。在这两种情况下,分别会反映不同的人际和表征特点。

5.4.1.1 "一量名"位于句首位置

类指"一量名"位于句首位置时,通常是做主语。例如:"一个警察应该为人民服务。"此时,在人际层面,"一量名"所在的一般性述谓句相当于一个述题为焦点的话题性话语行为,"一量名"处于话题位置,可以充当话题或话题的核心成分。在表征层面,这个述谓小句相当于一个一价或二价的述谓性动态 SoA,主语"一量名"充当施事角色,是整个事件状态的发出者和能量来源(source of energy)。在句法排列上,该类述谓小句通常包括"一量名"和述谓结构两个部分,分别占据句首（P^I）和句中、句末（P^M、P^F）位置。如为一价 SoA，则句末位置为空。大致排列情况如下：

"一量名"（主语） +述谓结构
| P^I P^M P^F |

有时候，句首的类指"一量名"也可以做定语，修饰主语中心成分。例如："<u>一个国家</u>的经济发展离不开建设。"反映到人际层面，则是话题性话语行为中话题的核心成分。此时主语中心成分位于句首（P^I），"一量名"位于主语前的句首位置（P^{I-1}），述谓结构位于句中、句末（P^M、P^F）。其小句排列情况为：

"一量名" +主语中心成分 +述谓结构
| P^{I-1} P^I P^M P^F |

5.4.1.2 "一量名"位于句中、句末位置

类指"一量名"位于句中、句末位置时，一般是做介词宾语或动词宾语。例如 5.3.2.2 中出现过的两个例子，具体如下：

(46) a. 这叫他感到不是和<u>一位青年</u>谈话呢。
b. 你不该欺负小张，真正的男子汉不会欺负<u>一个比自己弱小的女孩子</u>。

例（46）中，a、b 例的"一量名"分别为介词宾语和动词宾语。在人际层面，该类小句也反映一个述题为焦点的话题性话语行为，但"一量名"处于述题之中，用来为话题补充新信息，同时为前文中已出现的某个指称对象补充属性信息。在表征层面，"一量名"在这个述谓性 SoA 中可以担任受事或定位角色。若小句里的"一量名"位于句中位置，是介词宾语时，属于定位角色；若小句中的"一量名"位于句末位置，是动词宾语时，则在表征层担任受事角色。

5.4.2 "左—右"分离性述谓句中"一量名"的句法特征

5.4.2.1 "左—右"分离性述谓句的基本特征及"一量

名"的位置

在话题性的话语行为中引入一个类指"一量名"作为话题成分，其他述题成分都用来对这一话题成分进行评述。这时候，说话人有时候会使用语法手段，将话题和述题分开排列，在句法排列上，形成一种"左—右"分离性述谓句结构。例如："一个学生啊，就是应该好好学习。"

"一量名"所在的"左—右"分离性述谓小句有两个重要的句法特征。第一，"一量名"话题与其述题是左右分离的，二者间存在一个语气停顿，可以用逗号隔开。第二，该小句结构中允许语气词作为假位成分的插入。语气词主要是"啊、呢"等。

"左—右"分离性述谓句的排列是这样的："一量名"主语放在句首位置，用 P^I 来表示。假位成分与"一量名"短语的关系十分紧密，也位于句首位置（用变量 P^{I-1}、P^{I+1} 之类的表示），作为述题的述谓结构占据句中、句末位置（P^M、P^F）。综上所述，"一量名"所在的"左—右"分离性述谓句的排列大致为：

"一量名" ＋（假位成分＆停顿）＋述谓结构
| P^I　　　　　P^{I+1}/P^{I-1}　　　P^M　P^F |

5.4.2.2　"一量名"所在"左—右"分离性述谓句反映的人际和表征特征

从人际角度来看，"一量名"所在分离性述谓句在人际层面反映为一个述题为焦点的话题性话语行为。在该话题性话语行为之中，"一量名"担任话题成分。这种分离性小句是一种句法性排列（Morphosyntactic Alignment），其在人际和表征上与"一量名"做主语时的一般性述谓句具有相同的功能，之所以在句法上将"一量名"话题与述题分开，主要原因有两个：一是这种分离性小句能更好地提升话题的可接受程度（acceptability scale；许明，2011）。二是可以进一步突显出话题，使得受话人在话语中迅速意识到该话语行为所要讨论的中心话题是什么。

从表征角度来看，这类小句反映着一个述谓性事件状态，其中

"一量名"用来描述事件参与者的属性，并且在这种情况下，其所示语义实体类型应当是表人或人的集合体的一阶实体。另外，之前提到的新闻标题式 SoA 通常不能进入这种分离式小句结构。

5.4.3 同型话题结构中"一量名"的句法特征

5.4.3.1 同型话题结构的基本特征及"一量名"的位置

同型话题结构反映在人际层面上，是一个话步，话步中包含两个甚至多个独立性话语行为，每个话语行为的内容框架都为"话题—述题"式，组成一个并列式的话步框架。因此，同型话题结构在句法上就表现为包含两个或多个小句（Clause）的语言表达（Linguistic Expressions）。并且这个语言表达是一种并列式（Coordination），即这些小句之间存在并列关系。除此之外，小句的子述题之间会有部分重复或者是全部重复，形成一种复制性结构，因此被称为同型话题结构（Identical Topic Construction；许明，2011）。例如前文提到的一个例子：

(47) Cl_1：（<u>一个民族</u>如果失掉了理想，就会衰败；）Cl_2：（<u>一个人</u>如果没有了崇高的理想，就失去了人生的精神支柱，失去了方向和活力。）

例（47）中，Cl_1、Cl_2分别代表着两个并列的小句，反映在人际上就是两个话题性话语行为，此二者的述题成分有相同的部分，都是讨论"没有理想"会带来的结果。这类结构中，话题"一量名"一般担任两个并列小句的主语，位于分句的句首位置（P_1^I、P_2^I）；述题成分体现在句法层面，就是一个述谓结构，位于句中（P_1^M、P_2^M）、句末（P_1^F、P_2^F）位置。因此具体来说，同型话题结构的句法排列应当是以下情况：

"一量名" ＋述谓结构 ＋ "一量名" ＋述谓结构
| P_1^I P_1^M P_1^F | P_2^I P_2^M P_2^F |

这种同型话题结构还有一种比较特殊的情况，即组成该语言表达

结构的两个小句的子述题是完全重复的。这时候，述题一般在前文中就已经出现，例如：

(48) Le₁：[经济结构不合理，金融政策不配套，盲目追求高速度，难免会出现"泡沫经济"。] Le₂：[<u>一个国家</u>如此，<u>一个地区</u>也不例外。](1998年《人民日报》)

上述例子中包含两个语言表达（Le₁、Le₂），Le₂是一个同型话题结构，其中的子话题为"一个国家""一个地区"，两个子述题完全相同，都是回指Le₁所述的内容。

5.4.3.2 "一量名"所在同型话题结构反映的人际和表征特征

从人际层面来看，"一量名"所在的这种同型话题结构是一种辨识性焦点框架，并且，是一种双焦点甚至多焦点的模式。当两个小句的子述题之间有部分重复时，该结构反映了一个对比性焦点框架；当两个小句的子述题完全重复时，该结构反映了一个重叠性焦点框架。从表征层面来看，同型话题结构是由多个述谓性SoA组成的，并且"一量名"在SoA中均担任施事角色。

另外，许明（2014）指出，同型话题结构这种句法框架本身就具有一项特征，即在表征上描述一种无界属性（Unbounded Qualities）。简单来说，就是该结构所反映的SoA，在命题内容上，偏向于指某一类事物的动作行为或状态，而不是具体的某一个事物发出的具体行为。而类指"一量名"作为一种指称"类"而非"个体"的语义实体，很适合进入这种句法框架。

第六章　陈述性"一量名"人际、表征和句法层面情况考察

6.1　"一量名"的陈述功能

6.1.1　陈述性"一量名"的定义

在第四章中，讨论不定指"一量名"时，我们曾提及过"指称"与"非指称"的概念。用于表示不定指、定指、类指的"一量名"都属于指称成分，但"一量名"不止有指称性的用法，还有非指称性的用法。根据王红旗（2004）的定义，非指称成分是指话语中不用于指称实体的 NP 成分，在王红旗的分类中，又将之进一步分为表名称和表属性两大类。通过考察，"一量名"没有表名称的用法，但有用来描述实体属性的非指称用法，例如："他是<u>一个好孩子</u>"。这里的"一个好孩子"就不指称具体的某个对象，而是用来描述"他"的属性。除此之外，非指称性的"一量名"还有表数量的用法，例如"<u>一个人</u>吃三碗饭"中的"一个人"。本章我们主要讨论"一量名"表属性的这种非指称用法，将这种"一量名"称为陈述性"一量名"。

6.1.2　陈述性"一量名"的判定标准和表现形式

若"一量名"为陈述性"一量名"，则必须符合以下两个判定条件：第一，该"一量名"是非指称成分而不是指称成分，它在话语中不指称实体。第二，该"一量名"的主要表意功能是用来描述话语中某个实体的属性。

陈述性"一量名"的表现形式相对来说比较单一，一般是作为表关系的 VP 后宾语出现，例如："小张是一名老师。"有时候也可以充当谓语，例如："女人四十一朵花。"还有一种特殊的情况，那就是"代词/NP＋一量名"同位结构中的"一量名"，我们也认为是陈述性"一量名"。例如："我一个女孩子，不方便和男人一起出去。"这里的"一量名"虽然是主语的同位成分，但从指称上来看，这里的"一个女孩子"不指称实体，而是用来描述"我"的属性是"女孩子"，所以是陈述性的"一量名"。

在下文中，我们将从人际、表征、句法三个层面，来分析陈述性"一量名"的人际功能、语义表征，及其句法排列。

6.2 人际层面的陈述性"一量名"

6.2.1 陈述性"一量名"所处的内容框架

在话语行为的交际内容中，陈述性"一量名"应当被视为一个归属性子行为。在人际层面，这种"一量名"子行为可以出现在述题为焦点的话题性框架、话题为焦点的一般性框架之中。另外，这种子行为还可以出现在辨识性焦点框架之中。

6.2.2 述题为焦点的话题性框架中的陈述性"一量名"

在述题为焦点的话题性框架中，"一量名"可以出现在述题层面中，也可以出现在话题层面中。当出现在话题层面中时，主要功能是作为话题的修饰语；当出现在述题层面中时，则分两种情况，一是充当述题；二是充当述题的修饰语。

6.2.2.1 话题层面中的"一量名"

当陈述性"一量名"位于话题层面中时，这时的话题成分一般可以看作是一个指称性的子行为，而陈述性"一量名"是该子行为的修饰语（modifier），主要交际意图是用来修饰话题子行为的中心成分（head），定义该成分在语境中最主要的属性特征，并与之共同构成话题层面。作为话题修饰语的"一量名"常出现在叙事性语段之中，此时的话题层面的原型结构应该为"中心成分+陈述性'一量名'"。

在叙事性语段中，说话人使用"一量名"修饰语，有时候仅仅用来描述中心成分的固有属性，是客观的描述，这时候的述题与"一量名"修饰语的关系并不密切；但在大多数情况下，"一量名"修饰语对于中心成分的修饰往往是主观的，即使是描述属性，也包含了说话人自身对于中心成分所指称对象的个人看法。这种情况下，述题成分与说话人对中心成分赋予的属性也会有一定的关联。例如：

（1）邬江兴本不是搞数字程控交换机的，1985年，他与鲁国英、罗兴国等一群青年从事的科研攻关任务因赋予了其他单位，一时"失了业"。(1994年《报刊精选》，ccl)

（2）小王一个毛猴子列兵，哪能搬来团座的大驾？他狐假虎威地叫来了一位团参谋和司务长。(陆步轩《屠夫看世界》，ccl)

（3）辛楣跟你一对小心眼儿，见了他又要打架，我这儿可不是战场，所以我不让他们两人碰头。(钱钟书《围城》)

例（1）中，话题层面的中心成分为"他与鲁国英、罗兴国等"，修饰中心成分的"一量名"为"一群青年"，该"一量名"表示客观属性描述，只是作为中心成分一种附带的属性特征，不影响接下来的述题对于话题中心成分的叙述。

例（2）、（3）则有所不同。先看例（2）。从话题层面看，说话人赋予中心成分"小王"以"一个毛猴子列兵"的属性，带有一定的主观情感；从述题层面看，述题更多地叙述了作为"毛猴子列兵"的"小王"，而并不仅仅是"小王"本身的一些动作行为。这时候，修饰成分为述题作出了铺垫，述题使得这一修饰成分所表征的属性得到进一步强调。例（3）也是如此。正是因为说话人认为中心成分"辛楣跟你"具有"一对小心眼儿"这样的属性特征，才会有述题的发生，述题的叙述又反过来突显了修饰语的特征，修饰语"一量名"使得话题与述题的关系更为紧密。

在对话中，处于话题层面的中心成分还可以是话语参与者（即说话人或受话人）本身。Evelien Keizer（2015）在她的文章中曾经分析过英语中类似的例子，见下：

(4) <u>We your little buddies</u> swear to follow where you advance. (COCA, written)

$P_{(s)}$：(We：your-little-buddies^{P1})

在例（4）中，we 是说话人，用 $P_{(s)}$ 表示，your little buddies 是说话人的人际修饰语（用上标 P1 表示）。Keizer（2015）认为，在话语行为中，话语参与者其实是极少被修饰（rarely modified）的，但这种情况下，your little buddies 为说话人提供了能让受话人识别的一个可选性特征描述（an optional further specification），因此可以被分析为话语参与者的人际修饰语。

通过我们的语料考察，在汉语中，陈述性"一量名"也同样可以做话语参与者的修饰成分，并且在对话中也有相当多的例子。这种情况可以出现在封闭性叙事语篇中的对话中，例如小说、新闻中的对话，也可以出现在开放性叙事语篇中的对话中，例如小品相声、自然会话等。这种"一量名"修饰语带有极强的主观性，其中心成分一般是说话人或者受话人的称谓，多以代词形式出现。这种情况下，述题层面与话题层面联系紧密，往往描述的是一种说话人意料之外的情节，与"一量名"修饰语昭示的话题属性常常是相悖的。例如：

(5) 说到这里，张大娘流下了眼泪。"那都是过去的事了，现在想一想也觉得可笑。<u>我一个目不识丁的农村妇女</u>，竟挂上了那么多头衔，可我觉得自己没文化，没有能力担任那些职务，后来，主动辞掉了，回到乡下种田。"（1994年《报刊精选》，ccl）

(6) 林珠激动地说："<u>你，一个对生活充满热爱和感觉的健康的男人</u>，竟然十几年如一日地忍受段莉娜这种女人，还从来没有与别的女人上过床，天哪，如果你不是圣徒，就是段莉娜有病。"

147

(池莉《来来往往》)

例（5）中，话题层面中的修饰语"一个目不识丁的农村妇女"是用来修饰该话语行为的说话人角色（speaker）的。在说话人的意识中，自己具有"一个目不识丁的农村妇女"的属性特征，在这种话题背景下，述题叙述了意料外的事件的发生。例（6）中的"一个对生活充满热爱和感觉的健康的男人"是说话人对受话人角色（addressee）的主观评判，述题一方面叙述了拥有这样一种属性的"你"做出了与之不符的行为，另一方面表示了自己的惊讶和意外。

需要注意的是，在例（6）中，话题成分"你"和修饰语"一量名"之间存在一个句法停顿，用标点隔开，但这里我们仍然把"一个对生活充满热爱和感觉的健康的男人"看成是"你"的修饰语而非一个话语行为，是因为它与话题的人际关系十分紧密，就算去掉停顿，直接说"你一个对生活充满热爱和感觉的健康的男人"，显然也是可以接受的。而有些情况下则不是如此，例如下面一个例子。

(7) a. 爬山虎，一种藤本植物，易生长于阴湿的环境中。
　　b. *爬山虎一种藤本植物，易生长于阴湿的环境中。

显然，虽然这里的"一量名"也是陈述性的，但 b 句通常是不可说的。从人际上来看，主要是因为此时的"一量名"不含说话人的主观情感，与话题"爬山虎"的人际关系相对不是那么紧密；这就导致了"一种藤本植物"在这里并不是作为话题"爬山虎"的人际修饰语出现，而应被看成是另一个话语行为单位。我们可以通过参数表达式来看这两种情况的差别。

(8) a. 你，一个对生活充满热爱和感觉的健康的男人，竟然忍受段莉娜……
　　IL: A_1: C_1: Top_1 [R_1（你：一个对生活充满热爱和感觉的健康的男人^R）]

$FocCm_1$ [(T_1：竟然十几年如一日地忍受段莉娜……)]

b. 爬山虎，一种藤本植物，生长于阴湿的环境中。

IL：M_1：(A_1：爬山虎生长于阴湿的环境中)$_{Nuclear}$ (A_2：一种藤本植物)$_{Aside}$

在例（8）中，a 例只包括一个述题为焦点的话题性话语行为（A_1），指称子行为 R_1 "你"是话题（Top_1），T_1 是述题和焦点（$FocCm_1$），而"一量名"是修饰话题成分 R_1 的修饰语（用上标 R 表示），右上角的"R"表示修饰的是指称性子行为。

而 b 例则有所不同，该例可以被分析为一个话步（M_1），分为两个话语行为（A_1、A_2）。其中，A_1 属于核心性话语行为（Nuclear Discourse Act），A_2 属于从属性话语行为（Subsidiary Discourse Act）。A_2 在整个话步中的作用是为核心性话语行为 A_1 提供旁白（Aside）。Hengeveld & Mackenzie（2008：58）、Hannay & Keizer（2005）指出，FDG 中的旁白（Aside）是一种被分配到非独立性话语行为（Dependent Discouse Act）上的修辞（rhetorical）功能，其作用在于为核心性话语行为中所激活的实体提供背景信息，通常表现为非限制性关系从句（non-restrictive relative clauses）或同位成分（appositive element）。在这个话步之中，A_2 的"一种藤本植物"是说话人要为 A_1 "爬山虎易生长于阴湿的环境中"补充的信息，"一量名"并不能看作修饰语，而是一个具有旁白功能的从属性话语行为。这种情况下，话语行为 A_2 只包含陈述性"一量名"这个归属性子行为，即是话题也是焦点，可以看成是一个话题为焦点的一般性话语行为，我们将在下节 6.2.3 中单独讨论。

6.2.2.2 述题层面中的"一量名"

当陈述性"一量名"为述题层面中时，既可以充当述题，也可以充当述题的修饰语。我们可以分情况讨论。

(一) 充当述题的"一量名"

述题为焦点的话题性框架中，陈述性"一量名"主要的人际功能是充当述题，主要的交际意图是用于描述话题，为受话人提供与话题有关的属性信息，但根据语境和具体的意图，也可以分两种情况。

①交际意图是为话题补充、添加新的属性信息。

说话人使用陈述性"一量名"作为述题，意在为话题层面补充相关的新信息，使得受话人能更好地理解接下来的交际内容。这种新信息是附着于话题本身的属性，包括自然属性和社会属性等。属性信息具有客观性，与说话人的主观情感关系不大。这种述题常在说明性语段中出现，叙事性语段中也有一些用例。从语段全局来看，该话语行为中的述题"一量名"，往往会成为下文的背景性信息，引出说明或叙事的进一步发展。具体例如：

(9) 角蛙的体色是<u>一种保护色</u>，通常表现出与环境相近的颜色，从而不被敌害所发现，保护自己。在植物丛中的角蛙以绿色为主，并有斑纹。如林角蛙为绿色，棘胸角蛙为棕色，牛蛙在明亮的环境中体色会变浅。(《"饭桶"萌角蛙的幸福生活》，中国科普博览网)

(10) 用腌咸肉制作的"刀板香"是<u>一道待客的主菜</u>，也是徽州菜的代表作之一。(《舌尖上的中国》解说词)

(11) 当达尔文提出他的进化理论时，德国生物学家魏斯曼还只是<u>一个20多岁的年轻人</u>。魏斯曼早年曾从事过医学，研究过动物学。(《魏斯曼的"种质"与"体质"》，ccl)

(12) 他平时喜欢写写画画，于是去他们乡的工艺厂做了<u>一名文员</u>。因为工作不太忙，他就试着写点文章投出去，没成想还真发表了几篇。(《堂堂正正上白班》，选自《故事会》)

例 (9) 是一个典型的"话题—述题"的话题性框架，其中"角蛙的体色"这个指称性子行为是已知的实体，被归入话题层面，其他交际内容则是述题。"一种保护色"这个归属性子行为是用来描述话题的自然属性，一方面为受话人提供了客观的新信息，另一方面又引出了下文对于不同颜色的角蛙的描写。接下来的几个例子也是如此，例（10）中的"一道待客的主菜"是"刀板香"的属性信息，和例（9）一样都出现在说明性语段中。而例（11）、（12）为叙事性语段，例（11）中"一个20多岁的年轻人"为话题"魏斯曼"补充了自然属性信息，交代了话题所指对象的年龄，为下文做铺垫。例（12）中的"一名文员"为话题"他"补充了社会属性信息，由此引出话题"他"在做"文员"之后发生的事情，推动了叙事的发展。

陈述性"一量名"所在的述题为焦点的话题性话语行为不仅仅可以是独立性话语行为（如上几例），也可以是从属性话语行为。在这种话语行为中，话题本身所表示的交际内容处于上一个话语行为之中，在形式上用回指代词（Anaphoric Pronoun）或者零形式（Ø）来构成话题层面。这种情况下，陈述性"一量名"所在的话语行为对前一个话语行为中所提及的信息进行补充，有一种"定位（Orientation）"的人际功能。例如：

（13）A$_1$：（这天，他快要下班的时候，急诊突然转来了一位重病患者。）A$_2$：（这是<u>一位老人</u>，脸上没有一点血色，已处于昏迷之中。）（《请你帮帮忙》，选自《故事会》2012年第10期）

（14）A$_1$：（位于云南红河地区的建水古城，古称临安。）A$_2$：（是<u>一个多民族的聚居地</u>，）A$_3$：（各种文化的掺杂形成了特有的氛围和格局。）（《舌尖上的中国》解说词）

在例（13）中，话语行为A$_2$是为了对A$_1$进行定位，是一种从属性话语行为。"一位重病患者"是话题所要表示的命题内容，但首现的不定"一量名"形式对受话人来说还不是已知的，不能直接作为话题，因此在话题层面用回指代词"这"来替代。例（14）中，A$_2$是A$_1$的从属性话语行为，在A$_2$中，"一个多民族的聚居地"描述的就是"临安"的属性信息，其话题层面用零形式（Ø）来回指。从人际层面的角度

看，例中的"这"和零形式都可以看作是中心成分为空（empty head）的指称子行为，可以担任话题。

②交际意图是对话题进行主观性的评价、定位。

说话人使用陈述性"一量名"作为述题，意在从主观角度上，对于话题层面进行评价，给出个人的看法或观点。同样也是为话题增加新信息，但这种信息更多是强调说话人自身、或者语境中的人物针对于充当话题层面的实体、动作、状态、事件等，发表一种主观上的看法，从说话人主观角度赋予话题某种属性。以这类"一量名"为述题的话语行为不常见于说明性语段，主要是在议论性语段、叙事性语段中出现。

（15）碧川沉吟了一会儿说，"我同一江的婚事，如同一场噩梦！结婚半年，她就本性毕露：奢侈、傲慢、疑心重，甚至还雇私人侦探监视我的一言一行。我在外面逢场作戏，她便借机提出离婚。"（《绝妙的告发》，选自《故事会》2014 年第 8 期）

（16）我就把齐心叫到办公室，把当天作业本上的错题，列出来让他重做。一开始，齐心好像认为这是一种惩罚，并不好好配合，会做的题，也写得七歪八扭。（《感人的谎言》，选自《故事会》2012 年第 10 期）

例（15）"一场噩梦"是说话人"碧川"在主观上对这场"婚事"的看法，暗示了这场婚姻很糟糕，是下文的叙事展开的前提，为语段提供了背景信息；例（16）使用"一量名"的交际意图在于传达"齐心"对于"我""让他重做"这一事件的主观看法，对上一个话语行为进行了补充，从语境中的人物"齐心"的视角为该事件赋予了"一种惩罚"的属性。

有时候，说话人可能认为被评议的对象不止存在某一种特征，因此话语行为中可能出现多个"一量名"归属性子行为，并且是之间有着并列、层层递进等关系。例如：

（17）一个人能力有大小，但只要有这点精神，就是一个高尚

的人，一个纯粹的人，一个有道德的人，一个脱离了低级趣味的人，一个有益于人民的人。（毛泽东《纪念白求恩》）

（18）黑皮女子道："我看你才是一条狼，一条灰眼狼，一条色狼。"（莫言《拇指铐》）

例（17）属于议论性语段，其中的多个"一量名"归属性子行为之间就存在并列的关系；例（18）属于叙事性语段，其中的三个"一量名"归属性子行为之间有着层层递进的意图。

（二）充当述题修饰语的"一量名"

在述题为焦点的话题性框架中，陈述性"一量名"还有充当述题修饰语的功能。分为两种情况：①"一量名"修饰的是整个述题成分，例如："他一阵风似的走了过去。"②"一量名"修饰的是述题的组成成分，例如："你不要欺负她一个女人。"这里需要分开讨论。

①"一量名"用于修饰整个述题。

由于述题成分一般用于描述话题的动作、状态等方面的信息，因此在人际层面被看作是一个归属性子行为（Ascriptive subact）。作为整个述题的修饰语，陈述性"一量名"的主要人际功能是描述该归属性子行为的属性，使得表达更加形象、具体。这种属性不是完全客观的，与说话人的看法也有一定的关系，带有主观性。这种情况一般常见于叙事性语段中。例如：

（19）"你对我来说，早已如一张贴在墙上的白纸一样一览无余。而我对于你不也同样如此？"（余华《爱情故事》）

（20）振保恨恨地看着，一阵风走过去夺了过来，哎了一声道："人笨事皆难！"（张爱玲《红玫瑰与白玫瑰》）

例（19）中，话题成分为"你对我来说"，述题成分为"一览无余"，描述了话题的状态。而"一量名"被用来修饰述题，用"如一张贴在墙上的白纸"来描述"一览无余"的属性，使得原本较为抽象的表达变得具体，同时也更为形象，便于受话人理解述题内容。例

(20)中的"一阵风"用来修饰述题"走过去",反映了说话人想要强调话题成分"振保"在发出"走"这样一个动作时,具有非常迅速的一种属性特征。

② "一量名"用于修饰述题的组成成分。

在这种情况下,"一量名"修饰的是作为述题组成成分的指称性子行为,与作话题修饰语时的人际功能是一致的,即用于描述这一指称性子行为的属性特征。例如:

(21) 你们有本事就去跟政府讲理,别老在这说教我一个外乡人。(选自《故事会》)

例(21)中,"一个外乡人"用来描述述题中,指称性子行为"我"的身份属性。

另外,通过以上的分析可以看出,当"一量名"作为话题或述题的修饰语出现时,与该话语行为的话题或述题联系比较紧密,而与上下文、整个语段的关联不大。

6.2.3 话题为焦点的一般性框架中的陈述性"一量名"

在上一节中,我们已经提过,陈述性"一量名"可以单独构成一个具有旁白功能(aside)的从属性话语行为,在这种话语行为只包含"一量名"子行为作为话题兼焦点,是一个话题为焦点的一般性的话语行为。说话人的目的就是为了引出这个"一量名"子行为,从而为上一个话语行为补充相关的归属性信息。这种一般性话语行为主要出现在说明性语段中,说话人使用"一量名"子行为,目的是描述上一个话语行为中某一对象的分类、属性、特征等,往往是一种客观判定,与说话人的主观情感没有太多关系。例如:

(22) M_1:[蛤蟆壶菌,A_2:(一种致使蛤蟆患上壶菌病的真菌病原体,)在荷兰引起了火蛤蟆的群体性死亡而令整个两栖动物保护圈震惊,]随后该真菌散布到比利时及德国。(《蛤蟆壶菌:威

胁蝾螈的致命真菌》，中国科普博览网）

例（22）中，"一量名"处于 A_2 这个一般性话语行为之中，该话语行为是非独立的话语行为，并具有旁白（aside）的语用功能。其实，从"一量名"所在话步 M_1 整体来看，可以分为两个话语行为，核心性话语行为是"蝾螈壶菌在荷兰引起了火蝾螈的群体性死亡而令整个两栖动物保护圈震惊"，记为 A_1；从属性话语行为是"一种致使蝾螈患上壶菌病的真菌病原体"，记为 A_2；A_2 依附于 A_1，为 A_1 中的指称子行为"蝾螈壶菌"提供了属性信息，具有旁白功能。

6.2.4 辨识性焦点框架中的陈述性"一量名"

陈述性"一量名"所在的辨识性焦点框架存在两种作用词，一是焦点作用词，此时的焦点作用词直接作用于子行为上，其交际功能在于对话语中特定的预设信息（Specific Presupposed Information）进行订正、修改或更新；二是对比作用词，辨识性焦点与原预设信息之间往往存在一个对比，可以看做是一个对比性焦点（Contrastive Focus）。

陈述性"一量名"相当于一个归属性子行为，在辨识性焦点框架中，既可以是对比性焦点，也可以是话语中原定的预设信息。

6.2.4.1 "一量名"子行为是话语预设信息

当"一量名"子行为作为话语预设信息时，主要的交际意图在于为焦点提供背景信息，存在两种情况：一是"一量名"子行为所指派的归属性信息为假，即其命题内容是非真值，此时该辨识性焦点话语行为的焦点反映了说话人对这一信息的修改、订正。二是"一量名"子行为所指派的归属性信息有一定的真值，但属于过时的信息，则该话语行为的焦点在于更新这一信息。例如：

(23) 由于衍射及待测物镜的像差的影响，星点的像不是<u>一个点像</u>而是一个具有一定大小的弥散斑。（CCL）

(24) 宋耀如出生后，仅在家乡度过短暂的童年，便孤身一人闯荡海外，从一个为人打工谋生的苦仔，依靠自己不屈不挠的奋发努力，终于一步步发展成为清末民初著名的大实业家和大富翁。（陈廷一《宋氏家族全传》）

例（23）中，"一个点像"不是"星点的像"的属性特征，因此该子行为所指派的信息内容为假，话语行为更正这一预设信息为"一个具有一定大小的弥散斑"。例（24）中，"一个为人打工谋生的苦仔"是"宋耀如"在没有发达之前原本的社会属性，属于过时的预设信息，在接下来的话语中被说话人更新。

6.2.4.2 "一量名"子行为是对比性焦点

当"一量名"子行为作为对比性焦点时，主要的交际意图在于对于之前话语所预设的信息进行订正和更新，并与之形成一个对比，提出与预设属性的不同之处。也同样分两种情况，一是纠正预设属性信息，二是更新预设属性信息。例如：

（25）20世纪30年代的"霍桑实验"认为，企业的员工不单纯是个经济人，而是一个社会存在物，是"社会人"。(CCL)

（26）使我不能相信的是，女儿似乎已经从一个天真活泼的大学生成长为一位庄重稳健、落落大方的职业女性。(《从普通女孩到银行家》，《史传》，CCL)

例（25）中，原定预设信息判定"员工"的属性只是"经济人"，而说话人在辨识性焦点结构中，使用"一个社会存在物"作为焦点，修正了原来的预设信息；例（26）中的辨识性焦点话语行为记录了"女儿"属性上的变化，焦点成分"一位庄重稳健、落落大方的职业女性"更新了旧信息，并与原来的"天真活泼的大学生"形成一种对比。

6.3 表征层面的陈述性"一量名"

6.3.1 陈述性"一量名"所在的 SoA 类型

陈述性"一量名"所在的 SoA 类型主要是两种情况：①分类性事件状态；②述谓性事件状态。陈述性"一量名"主要出现于分类性的事件状态之中，但其所在的分类性 SoA 并不是单一的，根据动元、以及"一量名"所具有的表征特点，又可以把陈述性"一量名"所在的分类性 SoA 分为三种情况，在下文中分别记为分类性 SoA（Ⅰ）、分类性 SoA（Ⅱ）、分类性 SoA（Ⅲ）。在一些情况下的陈述性"一量名"也可以出现在述谓性事件状态之中，由于无论是一阶述谓，还是二阶述谓，和陈述性"一量名"的语义表征并没有太大关联，因此这里不再区分。这里主要需要说明一下陈述性"一量名"所在分类性 SoA 的下位分类。

在 FDG 中，分类句（Classificational Sentences）被看成是表征层面的一种特殊的事件状态（State of Affairs）。Keizer（2011）指出，这种分类句由两个名词短语组成，第二个 NP 是非指称的，赋予第一个 NP 所指实体以属性；而这个被分类的实体在语义角色上被看作是受事角色，在这种分类句中，前后两个成分（element）必须属于同一种语义类型。Hengeveld（1992）、Keizer（2011）在讨论这种事件状态时，主要是根据英语中的情况，认为这类结构主要是系动词结构（Copular Constructions），即动元为 be 动词的情况，例如："Robert is a teacher."。我们根据汉语的情况，在此将分类句的范围进行扩展，认为在该 SoA 中，只要是后一个 NP（"一量名"）用于描述前一个受事对象的属性，都可以称为分类性 SoA。通过语料考察，这种分类性 SoA 的动词成分并不是单一的，SoA 中的受事对象也不一定由名词形式来表示。我们具体根据动词的情况来分类。

就"一量名"所在的分类性 SoA 来看，此时动词成分可以分为四种情况。

（一）反映受事对象固有属性的动词成分

此时的动词成分主要为"是"，例如："小王是一个警察。"

（二）反映受事对象与"一量名"语义实体间相似性的动词成分

此时的动词成分主要可以是如下这些：是、像、宛如、如同、宛若、如同、好比等。例如："我的人生就像一场笑话。"

（三）反映受事对象属性变化的动词成分

此时的动词成分主要可以是：变成、成为、当等。例如："他成了一名老师。"

（四）无动词成分的情况

这种情况下，SoA 只包括"一量名"语义实体和受事对象，一般来说比较少见。例如："女人三十一朵花。"

根据以上的前三种情况，我们可以把"一量名"所在的分类性 SoA 划分为分类性 SoA（Ⅰ）、分类性 SoA（Ⅱ）、分类性 SoA（Ⅲ）这三种情况，在下文中一一讨论。而从表征的角度来看，最后一种无动词成分的情况也属于体现实体与属性间相似性的情况，因此归入分类性 SoA（Ⅱ）。

6.3.2　分类性 SoA（Ⅰ）中陈述性"一量名"的语义表征

6.3.2.1　"一量名"的总体特征及语义实体类型

在本小节中我们将首先分析分类性 SoA（Ⅰ）中"一量名"的总体表征情况。在分类性 SoA（Ⅰ）中，"一量名"的主要表征功能是用来描述受事对象所属的类型、其内在属性、外在特征等。这种表征一般来说是客观的，例如："他是一个老师。"这里的"一个老师"所指称的是"他"的职业属性，是客观事实。但有时候，也可以通过添加修饰语来体现说话人主观上赋予受事对象的评价，例如："他是一个相当好的老师。"这里的"相当好"作为修饰成分，包含了说话人对"他"的主观评价。

分类性 SoA（Ⅰ）与英语中狭义概念上的"分类句"是基本一致

的，这里的"是"就相当于系动词结构中的"be"动词，并且一般要求动词"是"前后的两个语义成分，即"一量名"与受事对象所表征的语义实体必须属于同一种语义类型，并且严格来说，只能是指同种事物的语义实体。比如受事对象是指人实体，则"一量名"在语义上不能用于描述动物、甚至无生事物的语义。见下例：

(27) a. 他是<u>一个老师</u>（一阶指人）。
　　　b. *他是<u>一只老鼠</u>（一阶指动物）/<u>一种家具</u>（一阶指无生事物）。

有时候，"一量名"和受事所指的语义实体甚至可以完全是对等的，此时"一量名"对于受事主体属性的描述主要体现在修饰性定语上。例如："张老师是<u>一个认真负责的老师</u>。"这里的"一量名"和受事对象"张老师"都是"老师"，"一量名"的修饰语"认真负责"对于受事对象的属性起到了补充作用。

在分类性 SoA（Ⅰ）中，"一量名"所能表示的语义类型是较为丰富的，主要被赋予一阶、二阶、三阶、地点实体的语义功能，在少数情况下，也能表示时间实体，还有零阶实体。例如：

①表示一阶、二阶、三阶、地点实体的情况：

　　a. 小明是<u>一名三好学生</u>/<u>一个优秀青年</u>。（一阶实体）
　　b. 本次会议是<u>一次成功的会议</u>。（二阶实体）
　　c. 这是<u>一个不太成熟的想法</u>。（三阶实体）
　　d. 北京真是<u>一个好地方</u>。（地点实体）

②表示其他实体的情况：

　　e. 红色是<u>一种颜色</u>。（零阶实体）
　　f. 今天是<u>一个吉利的日子</u>。（时间实体）

6.3.2.2 "一量名"语义类型为一阶实体

分类性 SoA（Ⅰ）中的"一量名"主要用于表示一阶实体，可以根据受事对象的情况来看。当受事对象为指人实体的时候，"一量名"也应当是指人的，并且往往与人的自然属性和社会属性有关系。人的自然属性主要是人的本性特征，是一个人固有的特征，例如，性别、性格、年龄、人品、长相等；人的社会属性则涉及职业、地位等方面。该"一量名"的修饰语中可能包含说话人自身对于该实体属性的附加性主观评价。具体例如：

（28）葛德文出生于 1756 年，早年受过严格的宗教教育。他一生主要从事著述，是一位多产作家。(ccl)

（29）宋楚瑜是一个非常能干的人，是非常勤勉的人，他如果做台湾的总统的话，我们要有严格的鞭策的力量。(《李敖对话录》)

（30）吴琼是一个大眼睛女孩，长得不是特别漂亮，但仔细品味却很有味道。(《史传》, ccl)

以上三例中的"一量名"都是用于描述"人"的一阶语义实体。例（28）中的"一位多产作家"在语义上表示一阶实体，是对受事对象"他（葛德文）"职业属性的描述，属于社会属性。例（29）中，"一个非常能干的人"一方面揭示了"宋楚瑜"的自然属性为"人"，一方面对该语义实体进行了主观上的评价，认为他具有"非常能干"的特点。例（30）的"一个大眼睛女孩"则纯粹是对于"吴琼"这一一阶语义实体自然属性的描述，反映的是"吴琼"的长相和性别属性，是客观的。

当受事对象指动物和无生事物时，"一量名"的语义表征则主要与其自然属性，例如，其物种分类、固有特性等有关。这时"一量名"中的描写性修饰语是对于受事角色特征的进一步说明补充，往往比较客观。例如：

(31) 甲醛是<u>一种防止尸体腐烂的防腐剂</u>。如果用它来泡一个刚死的老鼠的心脏，可以保证20年它仍是红色的。(ccl)

(32) 空中飞行的蝙蝠，也是<u>一种哺乳动物</u>。(《中国儿童百科全书》，ccl)

例(31)中，"一种防止尸体腐烂的防腐剂"描述的是无生事物"甲醛"的类型特征，属于自然属性，从语义上看是典型的分类性SoA；其中，"一量名"中的定语修饰语对"甲醛"的功能特征作出了进一步的客观解释和说明，表示甲醛的功能是为了"防止尸体腐烂"。例(32)中，"一种哺乳动物"描述的是动物"蝙蝠"的类型特征。

6.3.2.3 "一量名"语义类型为二阶实体

在陈述性"一量名"表示二阶实体的情况下，受事对象不仅限于名词形式，可以用代词形式"这"来进行回指，代替上文所出现的表事件状态的语义实体；也可以是从句形式。一般来说，这种情况下的"一量名"都会包含一个定语修饰语，反映说话人自身对于受事对象（即某个事件状态）主观态度或客观评价。例如：

(33) 严格把握控制自己的情绪并不是<u>一件轻而易举的事</u>。(ccl)

(34) e_1：(就印度这样一个没有历史观念的民族，却有一个很独特的源流，那就是宗教观念。印度的哲学，没有不带宗教性的。) 这是<u>一种很奇特的现象</u>。(ccl)

(35) 犯罪现象是<u>一种复杂的社会现象</u>，它涉及社会的政治、经济、文化等深层次的问题。(ccl)

例(33)中的"一件轻而易举的事"表示的是二阶实体"事件"，被"一量名"描述的受事对象为"严格把握控制自己的情绪"，"一量名"一方面描述了受事对象具有"事件"的属性，另一方面将该事件的主要特征定位为"并不""轻而易举",反映了说话人的主观态度。例(34)中,"这"用来回指上文所出现的事件状态 e_1,"一种很奇特的现象"是对于该事件状态的属性描述。例(35)的"一种复杂的社会现象"指出了名词形式的受事对象"犯罪现象"两方面的属性:一是从分类上属于社会现象,二是从特征上来看具有"复杂"的特征。

6.3.2.4　"一量名"语义类型为三阶实体

陈述性"一量名"在分类性 SoA(Ⅰ)中主要用来表示与人们的认知有关的三阶实体,例如,观点、看法、概念等。与表示二阶实体时一样,此时的受事对象,即上文出现的事件状态也可以用回指形式"这"来代替,"一量名"也可以包含对受事对象主观或客观上的评价。例如:

(36) e_1:(科学与技术既可以用来造福人类,也能危害人类,)这是<u>一个常识</u>。(CCL)

(37) 民族素质是<u>一个包容范围很广的概念</u>,从内容看,有民族身体素质、科学文化素质、劳动技能素质等。(CCL)

例(36)中,回指代词"这"与事件状态 e_1 在表征上是等同的,"一个常识"用于描述 e_1 的属性,为表抽象概念的三阶实体;例(37)中"一个包容范围很广的概念"将受事对象"民族素质"的属性定位为"一个概念",并指出其具有"包容范围很广"的特征。

6.3.2.5　"一量名"语义类型为地点实体

陈述性"一量名"在分类性 SoA(Ⅰ)表示地点实体的情况也是比较常见的,通常根据语义可以分两种情况,一是表示自然形成的地点,如山脉、河流、岛屿等;二是表示人为建造的地点,如城市、建筑等。具体例如:

(38) 北欧的斯堪的纳维亚山脉是<u>一座历史悠久的古老山脉</u>,

因久经外力的侵蚀，高度正在降低。(《中国儿童百科全书》)

(39) 椰子洲是<u>一座自然岛屿</u>，潮起的时候，它会神秘地消失在海底，潮落之后，椰子洲重新呈现海面，仿佛又生长一个新的岛屿。(1994年《人民日报》)

(40) 蒙古首都乌兰巴托是<u>一座美丽的草原城市</u>。(1993年《人民日报》)

(41) 记者下榻的"新塍苑"，是<u>一座漂亮别致的乡间别墅</u>，各种设施一应俱全。(1993年《人民日报》)

以上几例中，例(38)、(39)中的"一量名"用来表示自然形成的地点实体，例(38)中"一座历史悠久的古老山脉"是对于受事对象"斯堪的纳维亚山脉"的属性描述，定位其属性为"一座山脉"且具有"历史悠久""古老"的特征；例(39)的"一座自然岛屿"是对于"椰子洲"的属性描述。例(40)、(41)的"一量名"表示的则是人为建造的地点，"一座美丽的草原城市""一座漂亮别致的乡间别墅"分别描述了受事对象"乌兰巴托""新塍苑"的属性特征。

6.3.2.6　"一量名"语义类型为其他实体

当"一量名"语义类型为时间实体时，多数情况下，都是表示时间段而非时间点。例如：

(42) 20个春秋，在人生长河中，是<u>一段不短的日子</u>。(1995年《人民日报》)

(43) 去年上半年，对于我镇公曹村部分贫困户来说，是<u>一段最难熬的日子</u>。(1996年《人民日报》)

(44) 对于这两位年逾古稀的老人，今天是<u>一个纪念日</u>。(《读者》，CCL)

例(42)中"一段不短的日子"是对"20个春秋"的属性判定，例(43)"一段最难熬的日子"是对"去年上半年"这半年时间的属性描述，都是表示一"段"时间；例（44）的"一量名"虽然是"一个纪念日"，但也是有一定的时间范围的，表示"今天"这一整天这个时间段的属性。

"一量名"语义类型为零阶实体的情况很少，具体例如上文提到的"红色是一种颜色"中，"一种颜色"就用于表征零阶实体。

6.3.3 分类性 SoA（Ⅱ）中陈述性"一量名"的语义表征

在分类性 SoA（Ⅱ）中，"一量名"所标示的语义实体一般为与受事对象具有相似性的语义实体。说话人一般认为"一量名"所示的语义实体与受事语义实体有着同种属性，因此用该"一量名"来比拟受事对象，在表征上具有很强的主观性。

分类性 SoA（Ⅱ）属于广义范畴中的分类性 SoA，与分类性 SoA（Ⅰ）的区别有两点：一是上文说过的动词成分的不同，分类性 SoA（Ⅰ）的动词成分只能为"是"，而分类性 SoA（Ⅱ）的动词成分可以为"是、像、宛如、如同、宛若、如同、好比"等；二是并不要求动词前后的两个语义成分，即"一量名"语义实体与受事对象，属于同一种语义类型，即使属于同一语义类型，也有可能不是用同种事物来描述。例如：

(45) 北上的念头如同<u>一颗种子</u>，在我心里抽了芽生了根。
(46) 年轻的女孩子就像<u>一朵花</u>，芳香四溢。

例（45）中，"一颗种子"所标示的是一阶实体，而受事对象"北上的念头"标示的是三阶实体，不属于同一种语义类型，而前者用来比拟后者，是一种形象的说法，更能体现这个"念头"对"我"来说的深刻性。例（46）的"一朵花"与"年轻的女孩子"都属于一阶实体，但"一量名"在表征上指物，而受事对象则是表征"人"，并不是描述同种事物。这种比拟是由于"年轻的女孩子"和"一朵花"都具有"芳香四溢"的属性特征，带有主观性。

在分类性 SoA（Ⅱ）中，"一量名"所能表示的语义类型相对简单，主要是表示一阶实体，在部分情况下也出现过表三阶实体、表地点实体的情况。

6.3.3.1 "一量名"语义类型为一阶实体

分类性 SoA（Ⅱ）中的"一量名"主要用于表示一阶实体，既可以是指人的一阶实体，也可以是指动物、无生事物的一阶实体。此时，该 SoA 中的受事对象的语义实体类型具有多样性，一阶、二阶、三阶、时间、地点实体都可以作为受事角色出现，我们可以分类讨论。

（一）受事对象为一阶语义实体

当受事对象和"一量名"的语义类型都是一阶实体时，其表征对象可能是同类的事物，即都用于指人或都用于指物，也可能不是同类事物，如表物的"一量名"来比拟表人的受事对象，描述其属性。具体例如：

(47) 她不时地回头去看他的脸。在通红的灶火映照下，死者宛若<u>一个沉睡的婴儿</u>。（莫言《儿子的敌人》）

(48) 在咳嗽与说话的时候，她的嗓子与口腔便是<u>一部自制的扩音机</u>。她总以为只要声若洪钟，就必有说服力。（老舍《正红旗下》）

(49) 恬淡的女人，仿佛<u>一杯清茶</u>，没那么浓烈，也没那么复杂，清清淡淡，却有自己的韵味，而且最能解渴。（张晓梅《修炼魅力女人》）

例（47）中的受事对象"死者"在表征上属于表人的一阶实体，"一个沉睡的婴儿"也是表人一阶实体；例（48）也是一样，"她的嗓子与口腔"和"一部自制的扩音机"都是属于表物的一阶实体，为同类事物；例（49）中，表物的一阶实体"一杯清茶"用来比拟表人的受事性一阶实体"恬淡的女人"。

（二）受事对象为其他语义实体

这种情况下受事对象所示语义实体与"一量名"不同，可以是二

165

阶、三阶、时间、地点实体。例如：

（50）实实在在的几句话，如同一粒定心丸，使周洁萍犹豫之心渐渐平静下来。(1994年《报刊精选》, CCL)

（51）外资涌入股市，如同一把"双面刀"，机遇与挑战并存，风险与收获相伴。(1994年《报刊精选》, CCL)

（52）西北三环如同一条飘逸的彩虹，一座座雄伟壮观的立交桥，则是这条彩虹上闪光的宝石。(1994年《报刊精选》, CCL)

（53）时间，仿佛一位匆匆急行的巨人，再过6个春秋，整个人类就要被时间巨人带入崭新的世纪！(1994年《报刊精选》, CCL)

例（50）中的"一粒定心丸"描述的是"几句话"的属性，受事对象是三阶实体；例（51）中的"一把双面刀"描述的是"外资涌入股市"这一事件状态的属性，受事对象是二阶实体；例（52）中的"一条飘逸的彩虹"描述的是"西北三环"这个地点的属性，受事对象是地点实体；例（53）中的"一位匆匆急行的巨人"描述的是"时间"的属性，受事对象是时间实体；

由上可见，无论受事对象属于哪一类语义实体，基本上都可以用表示一阶实体的"一量名"来进行比拟和描述。其中原因主要跟一阶实体本身的特征有关，Lyons（1997）指出一阶实体可以被看做是几个语义实体中最为直接（straightforward）的实体类型，是具体的，可以被人们所看见和触碰到的。这种语义实体相对于其他语义实体而言，最容易为受话人所接受，能迅速将其属性与自身的知识背景相结合，从而更好地识解（consture）受事对象与该一阶实体的相似属性。

6.3.3.2 "一量名"语义类型为地点实体

"一量名"用来表示地点实体时，该SoA中的受事对象的语义实体类型也可以是地点实体，除此之外，还可以是二阶实体、一阶实体。

(一) 受事对象为地点实体

(54) 巴黎如同一个汪洋大海，能够容纳一切合轨和出轨的思想和行动。(《读者》, CCL)

(55) 7月13日深夜的长安街，如同一条狂欢奔腾的河。(新华社2001年7月份新闻报道, CCL)

例(54)、(55)中的受事对象分别为"巴黎"和"长安街"，二者在语义上都是表征地点。

(二) 受事对象为二阶实体

(56) 可持续发展世界首脑会议如同一个大的舞台，主角是世界各国的代表，全世界61亿人通过4,000多位记者的报道成为观众。(新华社2002年9月份新闻报道)

例(56)中的受事对象为"可持续发展世界首脑会议"，是一个二阶实体。

(三) 受事对象为一阶实体

(57) 母亲就像一条河，父亲就像一座山。(来自网络)

(58) 父亲坐在里间书房硕大的藤椅里，宽大的脊背像一座山峰，他背朝着我们，我看不到他的表情。(陈染《私人生活》)

例(57)中的受事对象为"母亲"和"父亲"，都属于表人的一阶实体；而例(58)的受事对象为"宽大的脊背"，是表物的一阶实体。

6.3.3.3 "一量名"语义类型为三阶实体

有些情况下，"一量名"的语义类型也可以是三阶实体，例如：

(59) 诗人不正慨叹黄昏的不能久留吗？它也真的不能久留，一瞬眼，这黄昏，像<u>一个轻梦</u>，只在人们心上一掠，留下黑暗的夜，带着它的寂寞走了。(季羡林《黄昏》)

此例中，"一个轻梦"表征的是虚幻的、不存在于真实世界时空中的概念，属于三阶实体。

6.3.4 分类性 SoA（Ⅲ）中陈述性"一量名"的语义表征

分类性 SoA（Ⅲ）主要是用来描述受事对象的状态变化。在分类性 SoA（Ⅲ）中，"一量名"的主要表征功能是用来描述受事对象变化后的状态特征、属性，这种表征一般相对客观，反映受事对象的内在属性改变；但有时也会掺杂一定的主观因素，这时候往往也具有比拟的意味，但与分类性 SoA（Ⅱ）有不同之处。分类性 SoA（Ⅱ）中的"一量名"只体现受事对象的属性，不强调其状态是否发生改变，而分类性 SoA（Ⅲ）则用于比拟受事对象状态发生改变后体现出来的属性，强调了状态的变化。例如：

(60) 当时克里斯蒂像<u>一只斗败的公鸡</u>，垂头落手。(《史传》，CCL)

(61) 贝珍站得最近，被水当头浇下，变成了<u>一只道地的落汤鸡</u>。(朱邦复《东尼！东尼！》)

从 SoA 类型上来看，例（60）属于分类性 SoA（Ⅱ），而例（61）属于分类性 SoA（Ⅲ）。在例（60）中，"一只斗败的公鸡"意在描述受事对象"克里斯蒂"在"当时"的属性，没有提及状态的改变；而例（61）则不同，"一只道地的落汤鸡"并不是贝珍原本的属性，而是在"被水当头浇下"之后，状态变化后的属性。

在分类性 SoA（Ⅲ）中，"一量名"所能表示的语义类型主要为一阶实体、二阶实体、三阶实体、地点实体这几种。

6.3.4.1 "一量名"语义类型为一阶实体

当"一量名"表示一阶实体时,其所在的 SoA 中,动词前后成分的语义类型通常是一致的,即受事角色也属于一阶实体。当动词成分为"当""当了"时,"一量名"表示的一阶实体只能用于表人。例如:

(62) 一向天真活泼的佛库伦,现在竟变成一个大腹便便的孕妇,他们不得不信以为真。(李文澄《努尔哈赤》)

(63) 无论多么平庸的器皿,一旦盛满了盛开的鲜花,也就变成了一只得体的花瓶。(《作家文摘》1995,CCL)

(64) 她为了让亲人喜欢自己,实际上牺牲了自己的需要,从而自己也就成为了一个洋娃娃——没有自己的生命。(CCL)

(65) 1978 年底,贾上海从河北邯郸的一家工厂入伍,到伊犁边防某部当了一个专管种菜、种蘑菇的兵。(CCL)

例(62)"一个大腹便便的孕妇"描述了"福库伦"变化之后的属性,与之前的"天真活泼"的特征形成对比,"一量名"与受事对象都是指人一阶实体;例(63)"一只得体的花瓶"是"器皿"在装入"鲜花"之后的属性,"一量名"与受事对象都是表征无生事物的一阶实体;例(64)这个 SoA 具有主观性,是一种比拟,"一个洋娃娃"是"她"的属性特征,前者是表物的一阶实体,后者是表人的一阶实体。例(65)的动词成分为"当了",此时受事对象"贾上海"和"一量名"都是表人的。

6.3.4.2 "一量名"语义类型为二阶实体

当"一量名"表示二阶实体时,在该 SoA 中,其所表示的语义实体类型与受事对象相同,都是二阶实体,表示事件状态。例如:

(66) 广泛使用抗生素带来的后遗症称为二重感染。二重感染

的死亡已成了一场世界性的灾难。(1996年《人民日报》)

(67) 美国大选成了一场"政治马拉松游戏"。投票结束一个多月了，谁入主白宫依然扑朔迷离。(2000年《人民日报》)

例(66)、(67)中受事角色分别为"二重感染的死亡""美国大选"，都表示事件状态，而相应地，"一量名"的语义类型也都是二阶实体。

6.3.4.3　"一量名"语义类型为三阶实体

当"一量名"表示三阶实体时，其所在分类性 SoA 中的动词前后成分的语义类型并不一致，受事对象在表征上往往是一种事件状态，即属于二阶实体，而"一量名"则为三阶实体。例如：

(68) 改革15年以来，国有企业改革已经转变成一个操作性的问题，例如产权问题、企业债务问题、职工就业问题等。(CCL)

(69) 1948年，不满周岁的侯孝贤随家迁往台湾花莲，本来打算客居一段时间，却不料世事难料，重返故土变成了一个遥远的梦。(《史传》，CCL)

例(68)中，受事对象为"国有企业改革"，表征的是一个事件状态，属于二阶实体，而"一量名"则是表征"问题"，属于三阶实体；例(69)也是一样，用"一个遥远的梦"所代表的三阶实体来表征"重返故土"这一事件状态的属性。

6.3.4.4　"一量名"语义类型为地点实体

当"一量名"表示地点实体时，其所在分类性 SoA 中的动词前后成分的语义类型一般是相同的，即受事对象也是地点实体，但少数情况下，受事对象也有可能表征事件状态，为二阶实体。例如：

(70) 韩家那连成一片、曾经有鸭子飞过水面、在一个少年心

中留下最初的美的痕迹的坑塘，现在，也成为了<u>一个污水坑</u>，潮湿，滋生着苍蝇和虫蚁。(梁鸿《中国在梁庄》)

(71) 社会调查极有可能成为<u>一个陷阱</u>，使研究者沉溺于漫无头绪之中，从而失去了社会调查的学术价值。(ccl)

例 (70) 中，受事对象和"一量名"都表征的是地点实体，SoA 表征的是"坑塘"的属性发生变化，成了"一个污水坑"；例 (71) 中，受事对象为"社会调查"，表征的是一个二阶的事件状态，而"一个陷阱"为地点实体，这种表属性的用法，是对这个事件状态变化后属性的一种形象的比拟。

6.3.5 述谓性 SoA 中陈述性"一量名"的语义表征

在述谓性 SoA 中，陈述性"一量名"的语义表征主要可能与两种成分有关。第一种情况是跟该述谓性事件状态（SoA）的参与者（participants），即施事角色、受事角色有关，这时候的"一量名"用来描述事件参与者的属性特征。第二种情况是作为定位角色出现，用来描述 VP/AP 成分的属性。来看以下三个例子。

(72) a. 她<u>一个女孩子</u>干不了那么多重活。
　　　b. 小王<u>一阵风</u>似的跑了进来。
　　　c. 你对我来说，早已如<u>一张贴在墙上的白纸</u>一样一览无余。

以上三个例子都是述谓性的 SoA。其中，a 例里的"她"是事件状态的施事参与者，"一个女孩子"是用来描述"她"的属性，其语义表征与施事角色有关，"一量名"是施事角色的修饰语。b 例中"一阵风"是用来描述"跑"这个动作的特点，说明"小王"跑得很快，其语义表征与动词性述谓成分有关。c 例中"一张贴在墙上的白纸"用来描述"一览无余"这一状态的特点，说明"我"对"你"了解的程度十分深，"一量名"的语义表征与形容词性述谓成分有关，b、c 两例中的"一量名"都是定位角色。

6.3.5.1 描述事件参与者属性的"一量名"

在"一量名"都是用于描述事件参与者属性的前提下，表征情况是多样的，需要根据所反映的话语行为来分类讨论，并与一定的交际意图有关。通常来说，"一量名"所在的述谓性 SoA 在人际层代表着一个述题为焦点的话题性话语行为，而"一量名"作为话题或述题成分的修饰语出现，例如"你一个女人，做不好这些"；但其实还有另一种情况，即"一量名"所在的述谓性 SoA 反映在人际层是两个话语行为，即一个述题为焦点的话题性话语行为、和一个话题为焦点的一般性话语行为，例如"爬山虎，一种藤本植物，生长于阴湿的环境中。"这两种情况我们在人际层面都有讨论过，而根据其不同，表征上也会体现出不同特征。

（一）"一量名"所在的述谓性 SoA 仅代表一个话题性话语行为

在这种情况下，"一量名"所在的述谓性 SoA 具有以下表征特点：

① "一量名"所描述的事件参与者，即施事或受事角色一般只能是表人的一阶实体，以表人名词或者人称代词的形式出现。例如：

(73) a. 小芳/你一个女人，做不好这些。
　　 b. 你不要欺负她一个女人。

a 例中，"一个女人"所修饰的事件参与者为"小芳/你"，属于施事角色；b 例中，"一个女人"所修饰的事件参与者为"她"，属于受事角色；无论是哪种情况，该事件参与者都是表人的一阶实体。

② "一量名"也只能是表人的一阶实体，并且语义上只能表征与"人"的属性有关的实体（比如说职业、性别等），而不能为"一个人"。另外，"一量名"也不能表征具有唯一性的语义实体。例如：

(74) a. 你一个女人，就应该好好待在家里做事。
　　 b. *你一个人，就应该好好待在家里做事。

c. *学校没有别的老师，因此孩子们对我<u>一个唯一的老师</u>总是很热情。

在 b 例中，之所以不能把"一个女人"换成"一个人"，主要是因为这类 SoA 中的事件参与者本来就是表人的一阶实体，"人"是"你"的基本属性，不需要再特意进行描述。如果使用"你一个人"的用法，受话人在心理上自然会将关注点放在数量"一"上，把这里的"一量名"看成是一个数量型"一量名"。而 c 例中，之所以不能成立，是因为陈述性"一量名"不强调个体，而是强调属性，因此具有弱特指性（李广瑜、陈一，2016）。而具有唯一性的语义实体更多地是强调个体，特指性比较强。李、陈二人还指出，这种情况下换成"这个"会比较合适。

(二)"一量名"所在的述谓性 SoA 代表着两个话语行为

在这种情况下，"一量名"所在的述谓性 SoA 描述的是一个客观的事件状态，"一量名"一般是用于指动物和无生事物的一阶实体，常出现在说明性语段中。例如：

(75) 地塞米松，<u>一种常用于治疗肝硬化的固醇类激素免疫抑制剂</u>，会在相当程度上抵消间充质干细胞对于肝硬化的治疗作用。（《间充质干细胞：干细胞中的孙悟空》，中国科普博览网）

(76) 地老虎，<u>一种夜蛾的幼虫</u>，形状象蚕，生活在土壤中，昼伏夜出，吃作物的根和幼苗，主要危害棉花。（中国科普博览网）

例（75）中的"一种常用于治疗肝硬化的固醇类激素免疫抑制剂"描述了"地塞米松"的功能（"固醇类激素免疫"）、功用（"常用于治疗肝硬化"）、所属的类型（"抑制剂"）等方面的属性，二者都属于指无生事物的一阶实体；例（76）中的"一量名"指明了"地老虎"所属类型是"夜蛾的幼虫"，描述的是表示动物的一阶实体。

6.3.5.2 作为定位角色的"一量名"

"一量名"用于描述述谓成分的属性时，充当的是定位角色，此时

述谓成分一般以 VP 为主,"一量名"表征一阶实体,用于描述施事角色所发出动作的属性特征。例如:

(77) 开学的第一天,我早早赶到教室,刚一进门,看到几名青年女学员在打扫教室,我也伸手准备帮忙。想不到,几个女学员竟然<u>一窝蜂</u>似的拥上来说:"老师,让我们干吧!"(1995 年《人民日报》)

(78) 那张脸上的表情慈祥无比,与观音菩萨的脸极其相似,感动得她鼻子发酸,几乎就要像<u>一个小孩子</u>似的放声大哭。(莫言《儿子的敌人》)

例(77)中,用"一窝蜂"来形容"几个女学员""拥上来"的这一动作,能更好地反映女学员的动作之快、急促;例(78)中,这里的"她"在文中是指前文提到的"孙寡妇",一般来说,作为成年人的"她"能控制自己的情感,而这里用"一个小孩子"来描述"她"此时"放声大哭"的这一动作,更能让受话人理解到"她"哭得十分厉害这一事实。

6.4 句法层面的陈述性"一量名"

在句法层面,陈述性"一量名"所在的小句(Clause)框架分为以下几种:①分类性小句(Classificational Sentences);②"左—右"分离性述谓句;③"左—中—右"分离性述谓句;④一般性述谓句;⑤对比性小句。

6.4.1 分类性小句中"一量名"的句法特征

6.4.1.1 分类性小句的基本特征及"一量名"的位置

在受话人的知识背景中引入陈述性"一量名"作为述题和焦点,其主要意图是对话题成分的类型以及属性特征进行描述和补充,在此基础上为"一量名"赋予表征，可以是对于话题所指实体所从属的类型和客观属性的描述，也可以是对于该实体的主观性判断，还可以是反映该实体状态发生变化之后的类型、属性特征。这一交际意图最后投射到句法层面，就是分类性小句。具体例如："她的嗓子是<u>一台自动扩音机</u>。"

"一量名"所在的分类句主要由三个部分组成：①定指性成分，具体分为名词短语、代词、从句成分三种；②分类性谓词成分，包括表征层面中提到的三种VP，例如"是、好像、成为"等；③陈述性"一量名"。

这类分类性结构的排列一般相对稳定，陈述性"一量名"成分通常放在句末位置，用 P^F 来表示。分类性谓词成分位于句中位置（用变量 P^M 表示），定指性成分位于句首位置（用变量 P^I 表示）。综上所述，"一量名"所在分类性小句的句法排列为：

定指性成分 + 分类性谓词 + "一量名"
｜　P^I　　　　　P^M　　　　P^F　｜

6.4.1.2 "一量名"所在分类性小句反映的人际和表征特征

从人际角度来看，"一量名"所在分类性小句在人际层面反映为一个述题为焦点的话题性话语行为。在该话题性话语行为之中，"一量名"充当述题层面，且担任焦点，说话人的交际目的就是对于其中的话题成分进行分类，描述其属性。从表征角度来看，这类小句表征一个分类性事件状态，用"一量名"所示语义实体的属性来描述受事对象的属性。在分类性 SoA 中，"一量名"表征的语义实体类型颇为丰富，可以是零阶、一阶、二阶、三阶、地点、时间实体。

6.4.2 "左—右"分离性述谓句中"一量名"的句法特征

6.4.2.1 "左—右"分离性述谓句的基本特征及"一量名"的位置

在话题性的话语行为中引入一个陈述性"一量名"作为话题成分

的修饰语，并为之赋予一定的表征功能。在这种情况下，说话人常常会使用句法手段，将话题和述题分开排列，在句法排列上，形成一种"左—右"分离性述谓句结构。例如："他<u>一个大男人</u>，当然吃得多嘛。"在这种分离性述谓句中，"一量名"在句法上作为主语（即话题成分）的同位语出现。该小句的基本组成成分为：NP/代词主语，"一量名"同位语，述谓结构。

"左—右"分离性述谓句的排列是这样的：NP/代词主语放在句首位置，用 P^I 来表示。"一量名"同位语与主语的关系十分紧密，也位于句首位置，紧随在主语之后（用变量 P^{I+1} 表示），述谓结构占据句中、句末位置（用变量 P^M、P^F 表示）。综上所述，"一量名"所在的"左—右"分离性述谓句的一般框架为：

NP/代词（主语） + "一量名"同位语 + （句法停顿） +述谓结构
| P^I P^{I+1} P^M P^F |

6.4.2.2 "一量名"所在"左—右"分离性述谓句反映的人际和表征特征

从人际角度来看，"一量名"所在分离性述谓句在人际层面反映为一个述题为焦点的话题性话语行为。在该话题性话语行为之中，"一量名"存在于话题层面，是话题成分的修饰语，在描述话题属性的同时，一般会反映出说话人对于该属性的主观态度。从表征角度来看，这类小句反映的是一个述谓性事件状态，其中"一量名"用来描述事件参与者的属性，并且在这种情况下，其所示语义实体类型只能为指人的一阶实体。

此时"一量名"在句法层面与人际层面的排列是基本对应的，在人际层面具有相似功能的语言单位，在句法层也被放在相邻的位置，遵循了 FDG 中的功能稳定性（Functional Stability, Keizer, 2015：174）。如在下句中，其人际表达式与句法表达式分别是这样的：

(79) 他一个大男人，当然喜欢漂亮姑娘。

IL: C_1: [(Top_1 [R_1（他：一个大男人^R)]) ($FocCm_1$ [(T_1:

[喜欢漂亮姑娘]：当然^{TI}）])

ML：Cl$_1$：[[Np$_1$：（他）Np$_2$：（一个大男人）]$_{Subj}$Advp$_1$：（当然）Vp$_1$：（喜欢）Np$_3$：（漂亮姑娘）$_{Obj}$]

在上面的表达式中可以看到，该小句在句法层的排列与人际功能基本是对应的，其排列具有透明性（transparency）。首先，小句 Cl$_1$ 反映在人际层，是一个完整的交际内容 C$_1$；其次，作为主语（Subj）和述谓结构（Vp$_1$ + Obj）的"他一个大男人""喜欢漂亮姑娘"分别在人际层面对应话题（Top$_1$）和述题焦点（FocCm$_1$）；再次，"一个大男人"在人际层作为"他"的修饰语（用粗体和上标 R 表示），其功能与"他"有关，因此在句法层面紧邻"他"。

有时候，这种"左—右"分离小句还可以允许在 NP/代词主语和"一量名"之间插入一个句法停顿，形成一个"左—中—右"的分离小句。例如：

(80) 他，<u>一个获得了美国大学学位的博士</u>，最后居然怨恨起作为普通工人的父母。（《作家文摘》1996）

在上例中的情况下，我们仍然可以把"一个获得了美国大学学位的博士"看作是"他"的人际修饰语，整个小句仍旧代表着同一个交际内容。这种情况虽然属于"左—中—右"的分离小句，但和另一种"左—中—右"分离小句又有一些差别。即前文中提到的例子：

(81) 爬山虎，<u>一种藤本植物</u>，生长于阴湿的环境中。

例（81）中，句法停顿是不可以省略的。这又是为什么呢？在下一小节中，我们将继续讨论其中的不同，并分析原因。

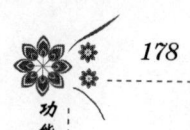

6.4.3 "左—中—右"分离性述谓句中"一量名"的句法特征

6.4.3.1 "左—中—右"分离性述谓句的基本特征及"一量名"的位置

"一量名"所在的"左—中—右"分离性述谓句结构一般由三个部分组成：名词短语/代词成分、"一量名"关系小句、述谓结构。

"左—中—右"分离性述谓句的基本排列情况如下：名词短语位于句首位置（P^I），述谓结构占据句中（P^M）、句末（P^F）位置，"一量名"关系小句处于二者之间的中间（centre）位置，此处记为 P^{centre}。其中的句法停顿用"句顿"表示。由此，"一量名"所在的"左—中—右"分离性述谓句的一般框架为：

NP/代词（主语）+（句顿）+"一量名"关系小句+（句顿）+述谓结构
| P^I P^{centre} P^M P^F |

在"一量名"所在的"左—中—右"分离性述谓句中，NP/代词成分与"一量名"关系小句之间的句法停顿有时候可以省略，有时候却不可以。这两种情况的小句会反映不同的人际、表征特点。

6.4.3.2 "一量名"与NP/代词间的停顿可省略

在一些情况下，"左—中—右"分离性述谓句中，"一量名"与NP/代词间的句法停顿可以被省略。这时候的"一量名"所在的"左—中—右"分离性述谓句，与上一小节提到的"左—右"分离性述谓句所反映的人际与表征特点是基本一致的。并且，这种句法停顿原则上是可以被取消的，不会影响整个话语行为的理解，见下：

(82) a. 他，一个获得了美国大学学位的博士，居然怨恨起作为普通工人的父母。

a'. 他一个获得了美国大学学位的博士，居然怨恨起作为普通工人的父母。

a'句虽然表达上不如 a 句合适,但总的来说是可接受的。之所以更适合使用 a 句的表达,其实是有一定的缘由的。李广瑜、陈一(2016)讨论过这种现象,认为当"一量名"与 NP/代词间存在停顿时,这个小句其实是一个复合型命题,即包含着"NP/代词 + VP"和"一量名 + VP"这两个并列的命题;而不存在停顿时,"一量名"才是用来明示 NP/代词的身份的。按照这种看法,下面的例句可以分成两项命题:

(83)我,<u>一个普普通通的人</u>,没有多少值得称道的事,唯有"朋友多"。(1998 年《人民日报》)

命题 1:我没有多少值得称道的事,唯有"朋友多"。

命题 2:一个普普通通的人,没有多少值得称道的事,唯有"朋友多"。(?)

很显然,命题 2 本身就不成立,也不符合原小句所要表达的意思。在 ccl 语料库中,这样的例子数不胜数。可以看出,这种情况下"一量名"与 NP/代词的关系仍然是很紧密的,相对而言与述谓结构的关系并没有那么紧密。之所以会产生两种不同的表达,主要还是与句法和表征上的一些因素有关。

首先从句法上来看,进入"左—中—右"分离性述谓句的"一量名"往往表现出修饰语较多、较为复杂的特点,"一量名"内部构成越复杂,进入"左—中—右"分离性述谓句的允准度就越高。反之,简单的"一量名"则易进入"左—右"述谓小句。这主要是由于语言内部压力的作用。述谓性小句中,同位主语 NP/代词都是以比较简单的句法单位出现,如名称名词、代词等。若"一量名"是一个比较复杂的短语结构,则整个"NP/代词 + 一量名"短语会比较冗长,如"他一个获得了美国大学学位的博士",容易使受话人产生误解,分不清主语的中心成分究竟是"他"还是"一量名",因此偏向于用句法停顿隔开。

其次从表征上看，一方面，"左—中—右"分离性述谓句的命题内容往往揭示的是一种意料之外的事件状态，通常还与"一量名"所描述的语义实体的属性相悖。而"左—右"分离性述谓句则不一定是如此。例如：

(84) a. 他，一个获得了美国大学学位的博士，居然怨恨起作为普通工人的父母。
　　　b. 他一个获得了美国大学学位的博士，当然能找到一份好工作。（自拟）

6.4.3.3　"一量名"与 NP/代词间的停顿不可省略

"左—中—右"分离性述谓句中，"一量名"与 NP/代词间的句法停顿也有不能被省略的情况。在这种情况下，"一量名"所在的"左—中—右"分离性述谓句与"左—右"分离性述谓句反映了截然不同的人际与表征特点。从人际层面来看，陈述性"一量名"是一个非独立的一般性话语行为，从属于前一个核心性话语行为，主要是为核心性话语行为提供属性方面的信息，具有旁白（aside）的人际功能。从表征层面来看，"一量名"存在于一个述谓性 SoA 中，该 SoA 描述的是一个客观的事件状态，"一量名"的主要语义实体类型是表物的一阶实体，其语义功能是用来描述 SoA 的施事参与者的属性。

此时"一量名"在句法层面与人际层的排列不是对应的，是一种句法性的排列，Van der Auwera（1997）、Henvgeveld（2008）称这种语言表达（Le）为"额外子句式（extra-clausality）"，由一个名词性短语和一个小句构成，名词性短语被作为一个额外子句，插入到小句的中间，形成这种排列的主要原因是：名词性短语（NP）是句法上的非独立成分，因此只能放在小句中间。我们可以通过一个例子来看。

(85) 爬山虎，一种藤本植物，生长于阴湿的环境中。
　　IL: M_1: [(A_1: 爬山虎生长于阴湿的环境中)$_{Nuclear}$ (A_2: 一

种藤本植物)_Aside]

　　ML：Le$_1$：[(Cl$_1$：爬山虎,(Cl$_2$：一种藤本植物,) 生长于阴湿的环境中)]

　　在人际层面（IL），"一种藤本植物"是一个表旁白（aside）的从属性话语行为（A$_2$），为A$_1$提供了属性信息。而到了句法层面（ML），句法排列却与人际功能不完全对应，"一量名"作为一个关系小句插入Cl$_1$句，放在了中间位置，体现了该句法排列的不透明性。

6.4.4　一般性述谓句中"一量名"的句法特征

　　"一量名"出现在一般性述谓句中，主要可以出现在三种句法位置：①句首位置；②句中位置；③句末位置。这三种情况下，该小句和"一量名"所反映的人际、表征情况也有所不同。

6.4.4.1　"一量名"位于句首位置

　　当"一量名"位于句首时，主要是作为主语的同位语成分出现。反映在人际层面，该一般性述谓句是一个述题为焦点的话题性话语行为，"一量名"担任话题成分的修饰语，描述话题的属性特征；反映在表征层面，该述谓句是一个述谓性SoA，"一量名"用于描述施事参与者的属性，语义实体类型一般只能为表人一阶实体。这时候，"一量名"所在的一般性述谓句主要包括三个组成成分：NP/代词主语、"一量名"同位语、述谓结构。此时，"一量名"与主语、述谓结构之间不存在句法停顿。具体例如："你<u>一个小喽啰</u>成不了什么大事。"

　　此时，该类小句的句法排列情况大致如下：
NP/代词（主语） + "一量名"同位语 + 述谓结构
　　|　　　　　　　　　　|　　　　　　　　|　　|
　　P^I　　　　　　　　P^{I+1}　　　　P^M　P^F

　　可以看到，这时候的句法排列与"左—右"分离性述谓句是一致的，其人际、表征特点也是基本相同的，只有一点区别，即"NP代词+'一量名'"这个主语与述谓结构之间没有句法停顿。

6.4.4.2 "一量名"位于句中位置

当"一量名"位于句中时，主要是作状语。从人际上来看，说话人使用该"一量名"的主要目的是在话题性的话语行为中引入一个陈述性"一量名"作为述题成分的修饰语。在表征上，该小句反映的是一个述谓性 SoA，"一量名"充当定位角色，描述述谓成分的属性。这时，该一般性述谓句的基本组成成分为：NP/代词主语、"一量名"、述谓结构。具体例如："他一阵风地跑了过去。"

此时，一般性述谓句的排列如下：名词/代词主语放在句首位置，用 P^I 来表示。述谓结构占据句中、句末位置（用变量 P^M、P^F 表示），"一量名"短语与述谓结构的关系十分紧密，位于句中位置，放在谓词之前（用变量 P^{M-1} 表示）。其句法排列如下：

NP/代词（主语）＋"一量名"＋述谓结构
｜　　　P^I　　　　　P^{M-1}　　P^M　P^F　｜

6.4.4.3 "一量名"位于句末位置

当"一量名"位于句末时，主要是做宾语的同位语。反映在人际层面，这个一般性述谓句可以看成一个述题为焦点的话题性话语行为，而"一量名"的主要人际功能是修饰述题的组成成分，即作为述题中的某个指称性子行为的修饰语，描述其属性；反映在表征层面，该小句可视为一个述谓性 SoA，"一量名"是受事角色的修饰语，只能为表人的一阶实体。该情况下，"一量名"所在一般性述谓句的组成成分包括：主语、谓语动词、受事 NP/代词、"一量名"同位语。具体例如："你们不要欺负他一个外乡人。"

在该类小句中，主语、谓语动词分别位于句首（P^I）、句中（P^M）位置，受事 NP/代词位于句末（P^F），"一量名"与受事 NP/代词关系比较紧密，被排列在其后，也位于句末位置（P^{F+1}）。具体的句法排列如下：

主语＋谓语动词＋NP/代词（宾语）＋"一量名"同位语
｜　P^I　　P^M　　　　P^F　　　　　　P^{F+1}　　｜

6.4.5 对比性小句中"一量名"的句法特征

陈述性"一量名"所在的对比性话题小句是辨识性焦点框架的句法输出形式,主要包括两种小句类型,第一种是"从 + 属性 NP／一量名 + 发展／成为／变成 + 属性 NP／一量名",例如:"他从<u>一个万恶的资本家</u>,变成了<u>一个造福人民的慈善家</u>。"另一种是"不是……而是……"的选择性小句,例如:"他不是<u>一个狡猾的人</u>,而是<u>一个善良正直的人</u>。"

这种小句实际上也是分类句的一种扩展结构,但相对单纯的分类句,这种对比性小句有其独特的功能。具体表现为:第一种对比性小句突显了话题成分在变化前后分别所具备的属性,反映了一个变化过程;第二种对比性小句则强调了对于焦点的修正。

第七章　数量型"一量名"人际、表征和句法层面情况考察

7.1　"一量名"的表量功能

7.1.1　数量型"一量名"的定义和判定标准

与陈述性"一量名"一样，数量型"一量名"也属于非指称成分，不用于指称实体。但与之不同的是，数量型"一量名"的主要表意功能是表示、强调数量。李艳惠、陆丙甫（2002）认为，当"量名"结构在语境中体现出对量的关注，强调"多少"的数量义时，不理解为指称性名词短语，而应当视为以数量词为核心（nuclear）的"数目短语"。数量型"一量名"就属于这样的数目短语，它既可以表示客观的量，也可以表示主观的量。

判定"一量名"是否为数量型"一量名"，主要看其是否满足以下两个判定条件：第一，在具体话语中，该"一量名"不用于指称实体，是一种非指称成分。第二，该"一量名"从主观或客观角度表达了对"量"的关注，主要用来强调其命名的事物在话语中的数量为"一"。

7.1.2　数量型"一量名"的分类

从主观量和客观量的角度，数量型"一量名"还可以进行进一步的分类，即表主观量的"一量名"和表客观量的"一量名"。主观量和客观量这一组概念是李宇明（2000）提出的。他认为，人们在对"量"进行描述时，如果不带有主观评价，只是单纯表述量，就是"客观量";如果在进行数量表达时,带有对量的主观评价,即主观上认为这个"量"是大量还是小量,那么这个量就是"主观量";主观量又可以分为主观大量和主观小量两种情况。

在表示客观量时,"一量名"常出现在数量配比结构之中,例如"一个人吃两碗饭"。

在表示主观量时,"一量名"既可以表示主观大量,也可以表示主观小量。"一量名"本身有表"小量"的特征,因此主要用于表示主观小量,例如:"通话三小时,只需一分钱。"该例中包含一个"只",带有说话人的主观情感,即说话人在主观上认为语境中的"一分钱"是小量。但有些情况下,"一量名"也可以表示主观大量。例如,老舍的话剧《茶馆》中的一个例子:"一家大小要是一天能吃上一顿粥,我要还想卖女儿,我就不是人!"这里的"一顿粥"本来是小量,但被说话人看成是主观上的"大量"。其中具体的原因,我们将在下文的人际层面中,结合交际意图等要素来分析。

在下文中,我们将从人际、表征、句法三个层面,来分析数量型"一量名"的话语功能、语义表征,及其句法特征。

7.2　人际层面的数量型"一量名"

7.2.1　数量型"一量名"所处的内容框架

在话语行为的交际内容中,数量型"一量名"与陈述性"一量名"一样,被视为一个归属性子行为。从内容框架的类型来看,这种"一量名"子行为主要出现在话题为焦点的一般性框架、述题为焦点的一般性框架、述题为焦点的话题性框架、辨识性焦点框架之中。

7.2.2　话题为焦点的一般性框架中的数量型"一量名"

数量型"一量名"可以出现在话题为焦点的一般性框架中,作为话题兼焦点的一部分存在。其所在的这个一般性话语行为的主要交际意图并不是为了促使受话人去识别新的指称对象,而是用于描述焦点所示对象集合为空，即在"一量名"所命名的某类事物的集合中，没有任何一个对象存在于当前语境。例如："屋里没有一个人。"该话语行为是一个典型的一般性框架，"屋里"为语境已知信息，"没有一个人"是话题也是焦点，此时话语行为只为了向受话人传递一个信息："屋里"人的数量为零。

从语段整体来看，该一般性话语行为中的数量"一量名"可以作为一个从属性的话语行为存在，其交际功能是为上文提供一个补充信息；或者是一个独立的话语行为，为下文提供背景信息。例如：

（1）A₁：（街上静悄悄的，）A₂：（没有<u>一个行人</u>。）（莫言《拇指铐》）

（2）A₁：（"这七八百里地，中间没有<u>一个国军</u>，）A₂：（官兵又都腿脚浮肿，）不要说打仗，就是光走路都成问题呀！"（1994年《报刊精选》，ccl语料库）

例（1）中，"一个行人"所在的 A₂ 是一个从属性的话语行为，附属于核心性话语行为 A₁，是对"静悄悄"的这一状态的具体描述；例（2）中"一个国军"所在的 A₁ 与 A₂ 是并列的独立话语行为，A₁ 为下文提供了"七八百里地都没人"的这样一个背景信息。

还有一种情况是说话人引入这个话题，是为了说明在该语境所限定的时间和地点范围内，"一量名"所表示的这类对象的集合在数量上大于一。这里的"一量名"仍然不包含任何指称信息，仅仅标示数量为一。例如："世界上有不止<u>一个国家</u>。"此时该话语行为向受话人传递的信息是："世界上""国家"的数量大于一。

7.2.3 述题为焦点的一般性框架中的数量型"一量名"

这种一般性框架中的数量型"一量名"一般是客观量，处于述题焦点之中，此时述题中一般都还会存在一个与之相应的数量成分，该话语行为的主要交际意图在于标示数量之间的配比关系。这种关系可以是人为规定的，也可能是客观上的规律、需求等。从语段全局来看，

"一量名"为下文提供了一些与数量有关的背景信息。例如：

（3）打一个学生，五毛现洋！昨天揍了几个来着？（老舍《龙须沟》）

（4）也有的人进行过这样的估算：生产一套西装所耗费的能源折合 10 升石油，生产一台彩电耗费 33 升石油，生产一台冰箱耗费 88 升……（1994 年《人民日报》）

例（3）中，"一个学生"与"五毛现洋"之间存在一种等价关系，这种等价关系是人为规定的，暗含着语境中有人愿意出"五毛现洋"来换取别人"打一个学生"。例（4）中将"一套西装""一台彩电""一台冰箱"分别与"10 升""33 升""88 升"石油的"耗费"等同起来，这是一种客观的需求，并没有牵涉人为的影响力。两例中的"一量名"都为下文提供了一些数量信息，对语段整体来说是非话题成分。

7.2.4 述题为焦点的话题性框架中的数量型"一量名"

在述题为焦点的话题性框架之中，"一量名"可以出现在述题层面中，也可以出现在话题层面中，还可以充当话语参与者的修饰语。当出现在话题层面中时，主要是充当话题成分；出现在述题层面中时，主要是作为述题的核心内容出现。而充当话语参与者的修饰语时，可以出现在话题和述题之中。下面我们将分情况进行具体讨论。

7.2.4.1 "一量名"充当话题

说话人使用"一量名"作为话题或话题的核心成分时，主要用来表示客观量，通常出现在说明性的语段之中，说话人的意图主要是在受话人的知识背景中补充与话题"一量名"有关的信息，不从主观上强调该数量为大量或小量。这时候的述题与话题"一量名"的相关性（aboutness）比较紧密，通常也会出现一些数量性的表达。例如：

(5) 1998年七八月间,"国图"网上阅览开通后当月有五六十万点击次数。据统计,一本书一个月曾被点击过两万次。(2000年《人民日报》)

(6) 对于人体来说,氨基酸是大量需要的营养成分。一个成年人一天需要好几十克,而红糖含有的那点"杂质"中,即使有氨基酸也只是杯水车薪。(云无心《吃的真相》)

例(5)中,"一本书"是话题成分,述题描述了与"一量名"的点击率有关的信息,可以看出,这里的"一本书"强调的是数量不是实体,且"一量名"表示的是客观量,即这个数量信息是客观的,说话人没有给这个量加上"大"或"小"的主观意志;例(6)中,"一个成年人"充当话题,述题描述了单个"成年人"需要的"氨基酸"克数,也是一种客观的数量性表达。

在表示客观量时,述题也可以并非数量配比性表达,而是描述话题的动作行为,这时候话题用于表示话语行为参与者的单独性,强调数量上只有这一个参与者,没有别的。在叙事性语篇中比较常见。例如:

(7) 杨太太:老太太呢?不能这么早就歇着吧?洗太太:一个人在屋里摸骨牌玩呢。(老舍《残雾》)

(8) 振保并不冲台拍凳,走进去和笃保点头寒暄,燃上一支香烟,从容坐下谈了一会时局与股票,然后说累了要早点睡,一个人先上楼去了。(张爱玲《白玫瑰和红玫瑰》)

例(7)、(8)中的"一个人"都是强调了参与者的数量为"一个",而非多个参与者。

在其他情况下,担任话题或话题核心成分"一量名",也可以用来表示主观量,并且主要来说是表示主观小量。在述题不含数量成分的情况下,通常是描述话题的动作行为,同时会反映说话人的主观态度。例如:

(9) 赵老：这样的人就算难得！可是，也作不出什么事儿来！四嫂他想办出点事来，一个人也办不成呀！（老舍《龙须沟》）

(10) 他自然知道这些人是在奉承自己，但想到母亲，还是禁不住动了真情，眼角都湿了："我娘三十岁就做了寡妇，一个人把我养大，供我读大学，吃过的苦受过的累是你们想象不到的。"（《母亲的牙齿》，选自《故事会》）

例（9）中的"一个人"是一个主观小量，反映了说话人的两个观点：第一，从话题角度来看，"一个人"办这件"事儿"，人数是很少的，即将"一量名"看作一个主观小量；第二，从述题角度来看，这么少的人，是办不成这件事的。例（10）中，在说话人"他"的观点里，想要表达的是，"母亲"仅仅凭她"一个人"养大了"我"，把"一个人"看作一个"小量"，同时，该话语行为也反映了语境中的"他"对于母亲"一个人把我养大，供我读大学"的主观态度。

"一量名"表示主观小量时，还可以与述题中出现的数量成分形成一个对比，常常是用小量来凸显大量。这也是一种数量上的配比结构，但这里更突出说话人的主观情感，例如：

(11) 牟丽芳说："现在的书印得花花绿绿，一本书就至少需要几块钱，13本书，再加上英语，一学期的书费就得160多元钱。"（新华社2001年3月份新闻报道）

(12) 四周船上的波斯人见他起锚扯帆，一个人做了十余名水手之事，神力惊人，尽皆喝采。（金庸《倚天屠龙记》）

例（11）中，从说话人"牟丽芳"的视角看来，话题"一本书"表示的数量是很少的，属于主观上的小量，而从述题中的"就""至少"可以看出，这里的"几块钱"应当是一个感染型的主观大量，说话人认为，"几块钱"只买得到"一本书"，显然是很贵的。这样一个"话题—述题"间数量成分的对比，用"一量名"小量突显了述题中的数量成分的"大量"。例（12）中，"一个人"属于小量，说话人意在表达，这么少的人（"一个人"）却做了很多人（"十余名水手"）才能做到的事，形成了一个对比，更能显示出了"他"（张无忌）"神力惊人"的特征。

7.2.4.2　"一量名"充当述题核心成分

充当述题核心成分的数量型"一量名"常常用来表示主观量，其所在的话语行为所描述的交际内容一般都是非现实（irrealis）的，是说话人的一种假设，或者是说话人对于"一量名"所表示数量的否定。此时的"一量名"可以是主观小量，有时也能表主观大量，与具体的语境、以及说话人的语用背景等有很大关系，说话人的言外之意需要受话人从话语中推导。为了更好地说明，我们将结合几个例子来看。

（13）那不是因为乡下种地的都没法子混了吗？A_1：（一家大小要是一天能吃上一顿粥，）A_2：（我要还想卖女儿，）我就不是人！（老舍《茶馆》）

（14）"我可以骄傲地告诉你一件事，我们村历任村干部从未出过一个贪污腐败分子！"（《布鞋的秘密》，《故事会》2014年第8期）

（15）要是听到一个胜利的消息啊，他就能连喊几十声"够呛"。（老舍《无名高地有了名》）

例（13）中，整个语段表达了说话人的两个意图，一是向受话人传递"一家大小一天吃不上一顿粥"这样一个信息，"一顿粥"是主观大量，表明"一顿粥"供"一家大小"吃已经很"多"了；二是包含一个言外之意：我"卖女儿"是情有可原的，因为"一顿粥"都吃不上了，从语境上下文来看，话语行为 A_1 是话语行为 A_2 的动因。

另外，这里的"一顿粥"是主观大量，且是一种异态型主观量（李宇明，2000），与说话人所处的社会背景有关系。通常，在我们的认知中，认为"一家人一天吃一顿粥"不算多，应当是小量，这种常识性的量被称为"常态量"。然而在该语境中，这一言语行为发生的时期是物资缺乏的民国，加上之前话语中的"乡下不让种地"这一信息，使得"一顿粥"由"小量"变成了"大量"。

例（14）中的"一量名"用来表示主观小量，这里的说话人认为"一个贪污腐败分子"应当是很少的，而进一步对这个小量进行否定，可以更好地体现说话人对于这"一件事（即没有出过贪污腐败分子）"的笃定态度。例（15）中的"一个胜利的消息"是一个感染型的主观大量，受到"几十声'够呛'"这一主观大量的影响，带有了主观大量的特征。两个数量成分之间又形成一种对比，体现了这种假设性的话语行为的夸张意味。

数量型"一量名"充当述题核心成分时，也可以用来表示客观量，多出现于说明性语段之中，单纯强调述题中"一量名"所代表的数量仅有一个，不含说话人主观上对量的多少的看法。这时候，该"一量名"所在的话语行为常为语段的下文提供背景信息。例如：

（16）当不同形态的花朵被均匀分散在<u>一个区域</u>的时候，蜜蜂的懒惰劲儿就上来了，变得不那么挑剔了。（《蜜蜂为何"单恋一枝花"，中国科普网》）

例（16）中的"一个区域"用来表示客观量，出现在说明性的语段中。"一量名"所在的话语行为给下文提供了一些背景性的信息，下文的交际内容是在"花朵被分散在一个区域"的前提下展开说明的。

7.2.4.3 "一量名"充当话语参与者的修饰语

这种情况下的数量型"一量名"与之前提到的充当修饰语的陈述性"一量名"有相似之处，主要交际意图是用来修饰话题或述题中的话语参与者，这个话语参与者可以视为一个指称性子行为，而数量型"一量名"是该子行为的修饰语（modifier）。与陈述性"一量名"不同的是，前者用来描述该参与者在语境中最主要的属性特征，而数量型"一量名"则是用来表示、强调参与者的数量为"一"。并且，这种

"一量名"必然带有主观小量的特征。被修饰的话语参与者可以是说话人,也可以是受话人。

这时候,说话人使用"一量名"的主要意图在于强调话语参与者的人数非常少,仅有一个。这种修饰语可以出现在话题中,也可以出现在述题中,"一量名"与被修饰的指称子行为之间的关系非常紧密,中间不能有句法停顿。修饰话语参与者的"一量名"与上下文关联不大,主要是在话语行为中起作用。具体例如:

(17) "那好,我现在告诉你,而且只告诉你<u>一个人</u>,我怀孕了。"(1994年《报刊精选》)

(18) 项羽苦笑了一下说:"我在会稽郡起兵后,带了八千子弟渡江。到今天他们没有一个能回去,只有我<u>一个人</u>回到江东。"(《中华上下五千年》)

例(17)、(18)中的"一个人"都表示一种主观上的小量,说话人都强调了人数非常少。例(17)中,根据语境中的"只"可以辨明,这是一个感染性的主观小量,说明"我"只把"怀孕"的消息告诉了你"一个人",强调知道这件事的人很少,仅"你"一个。例(18)中,从上文可以看出,原本有"八千子弟",如今"只有""我"了,这里"一个人"是说话人"项羽"对于人数少的主观强调,这种修饰语能更好地体现数量少,反映"项羽"苦涩的心境。

7.2.5 辨识性焦点框架中的数量型"一量名"

数量型"一量名"在这种辨识性焦点框架中,主要充当辨识性焦点成分,此时"一量名"是主观小量,该辨识性焦点框架反映了末尾焦点的提前。许明(2011)指出这种的"一量名"用来表示最小或最少的数量,同时还隐含着一种与其他数量进行比较的言外之意。据笔者考察,这种辨识性焦点的话语行为也一定是否定性的,否定的对象就是代表最小量的"一量名"。这种否定不仅否定了数量,而且否定了代表焦点成分的"一量名"所命名的一类实体,即着重强调了这类实体在当前语境中并不存在。这类话语行为常见于口语对话之中，在书面语中也有出现。具体例如：

(19) 他一死，他的侄子们把我们轰出来了，连一床被子都没给我们！（老舍《茶馆》）

(20) 你看，看见刘麻子，我想咬他几口，可是，可是，连一个嘴巴也没打上，我伸不出手去！（老舍《茶馆》）

(21) 他的脑袋嗡嗡响，却一个字儿也没听见。（冯骥才《雕花烟斗》）

(22) 真修沟？真一个钱也不跟咱们要？（老舍《龙须沟》）

例（19）、（20）、（22）都是来自老舍的戏剧中的对话，属于口语中的用例，例（21）是书面语中的用例。可以看到，这些例子基本都将"一量名"作为焦点，从句末位置提前到了句中位置。例（19）这一话语行为否定的是作为最小量的"一床被子"，意思是"一床"都没有，更不要说更多了，形成了一个数量上的对比；同时，也直接否定了"被子"这个实体在语境中的存在，表示"根本没有给被子"。例（20）的数量对比意味更加明显，说话人"我"本来的意图是"想咬他几口"，却连"一个嘴巴"都没打上，更谈不上"咬"了。例（21）否定了"他"听到"一个字儿"的事实，实际上的意思就是"他什么也没听见"。例（22）的"一个钱也不跟咱们要"就相当于"不要钱"，但这里突出"一量名"这个焦点，能更好地体现说话人对于这一事实的不可置信。

7.3 表征层面的数量型"一量名"

7.3.1 数量型"一量名"所在的 SoA 类型

数量型"一量名"所在的 SoA 类型主要有如下几种：①存在性事件状态；②二价述谓动态型事件状态；③一价述谓动态型事件状态；

7.3.2 存在性 SoA 中数量型"一量名"的语义表征

数量型"一量名"所在的存在性 SoA 反映在人际层面就相当于一个话题为焦点的一般性话语行为，因此有两种情况的表征功能：①表示"一量名"所示事物的集合在语境中不存在，且强调数量为零；②表示"一量名"所示事物集合在语境中是存在的，但并不指集合中的某个确切对象，仅强调数量大于一。前一种表非存在的情况是比较常见的，"一量名"所示的语义实体类型也较多，可以表示一阶、二阶、地点实体；后一种情况常常是表一阶实体，还出现过地点实体。例如：

(23) 一户农民终于答应借给他们一间房子，房子没有门窗，没有<u>一件家具</u>，只剩下露天的屋顶和透风的四壁。（张清平《林徽因》）

(24) 李寻欢道："他不信——任何人他都不信，这世上根本没有<u>一件能让他相信的事</u>。"（古龙《小李飞刀》）

(25) 在汉城有一条汉江贯穿城市，江上有 23 座桥，但没有<u>一座像南浦和杨浦这样的斜拉桥</u>。（1994 年《报刊精选》）

(26) 美国科学家最近通过动物实验发现，哺乳动物体内存在<u>不止一个生物钟</u>。（ccl）

(27) 欧洲许多大城市都有不止<u>一个机场</u>，许多大城市附近的小城市也有自己的机场。（ccl）

前三例 SoA 都用于强调"一量名"所代表的事物在语境中的数量为零，例（23）的"一件家具"为一阶表物实体，例（24）的"一件能让他相信的事"表示的是二阶实体，例（25）的"一座斜拉桥"表示的是地点实体。后两例 SoA 用于强调"一量名"所代表的事物在语境中的数量大于一，例（26）、（27）中的"一个生物钟""一个机场"分别表示一阶实体、地点实体。

7.3.3 二价述谓动态型 SoA 中数量型"一量名"的语义表征

在二价述谓动态型 SoA 中，数量型"一量名"可以担任施事角色、受事角色、定位角色这三种语义角色，还可以是修饰语义角色的成分。此时该"一量名"所在的 SoA 与类指时的情况相似，也存在许多具有非现实性情态的 SoA 的例子。因此，根据"一量名"所在二价述谓动态型 SoA 的情态，我们分现实性二价述谓 SoA 和非现实性二价述谓 SoA 来讨论。

7.3.3.1 现实性二价述谓 SoA 中"一量名"的语义表征

在现实性的二价述谓 SoA 中，数量型"一量名"可以作为施事、受事、定位角色出现，其中最为常见的是受事角色。另外，"一量名"还能是施事、受事角色的修饰语。

当"一量名"作为施事角色时，只能是表人的一阶实体，例如：

(28) 四周船上的波斯人见他起锚扯帆，<u>一个人</u>做了十余名水手之事，神力惊人，尽皆喝采。（金庸《倚天屠龙记》）

当"一量名"作为受事角色时，该 SoA 常表示对一个事件状态的否定，强调了"一量名"所示事物集合完全不存在。此时"一量名"可以表示一阶、二阶、三阶、地点这几种语义实体。例如：

(29) 可是，即使在她帮助下，他也没找到<u>一个对此有兴趣的出版商</u>。（《作家文摘》1996）

(30) 刚开始，总公司没给一分钱，鑫光也没要<u>一分钱</u>。（1995 年《人民日报》）

(31) 这么多年，她没有做过<u>一件亏心事</u>，自然也不怕报应。（来自网络）

(32) 两人紧紧地依偎在一起，许久许久不说<u>一句话</u>，两人感

觉到的只是两颗心脏的激烈的跳动。(《作家文摘》1993)

(33) 汽车沿湖岸跑了120多公里，我们也没找到一家正常营业的疗养院。(1998年《人民日报》)

例 (29) 至例 (33) 中的"一量名"分别表示一阶指人实体、一阶指物实体、二阶实体、三阶实体、地点实体。

当"一量名"作为定位角色时，一般是表示时间、地点的语义实体。例如：

(34) 巧的是，父女俩竟然在一家饭店相遇了。(《酒话连篇》，选自《故事会》)

(35) 他看看椅子上搁着的裁缝的包袱，没有一点潮湿的迹子，这雨已经下了不止一个钟头了。(张爱玲《红玫瑰与白玫瑰》)

例 (34) 中的"一家饭店"的表述重点不是某一家具体的饭店，而是强调是"一家"而不是"两家"，"一量名"表示地点实体；例 (35) 中的"一个钟头"前面有"不止"的修饰，强调"雨"下的时间大于一小时，不指称具体的哪一个"钟头"，"一量名"表示时间实体。

当"一量名"是施事、受事角色的修饰语时，只能为"一个人"。例如：

(36) 我在会场就看见他一个人，其他人都不在。(受事的修饰语)

(37) 他一个人去超市买了东西。(施事的修饰语)

7.3.3.2 非现实性二价述谓 SoA 中"一量名"的语义表征

"一量名"所在的非现实性二价述谓 SoA 分为两种情态，一种是

SoA 具有参与者导向型的主观情态，主要是特许性情态的 SoA；另一种是 SoA 具有事件导向型的客观情态，主要是客观认知情态的 SoA。

当"一量名"处于表示特许性情态的 SoA 中时，"一量名"主要担任施事角色和受事角色，可以表示客观量，也可以表示主观量。之前讨论类指"一量名"时已经提过，特许性情态主要表示一个事件参与者在既定的事件状态中有/无能力去参与，并且这种能力是这个事件参与者主动具备的，可能达到的一种状态。这时，如果数量型"一量名"作为施事角色出现，一般只能是表人的一阶实体，SoA 主要用来表示"一量名"施事所具备的能力；如果数量型"一量名"作为受事角色出现，主要是为同一个 SoA 中的施事对象补充数量信息，所表征的语义实体类型可以是一阶、三阶实体等。通常，在这类 SoA 中会出现较为明显的情态标记，主要是"能""可以"之类表能力的标记。具体例如：

（38）他最爱吃狗肉，一个人可以吃一条肥狗，喝一坛老酒。（刘绍棠《狼烟》）

（39）一家大小要是一天能吃上一顿粥，我要还想卖女儿，我就不是人！（老舍《茶馆》）

（40）要是能听到一个胜利的消息啊，他就能兴奋地跳起来！（老舍《正红旗下》）

例（38）中的"一个人"作为施事对象出现，该 SoA 表征的命题内容是描述"他""一个人"具备"吃一条肥狗，喝一坛老酒"的能力，属于客观量，表现了一种特许性的情态；例（39）中的"一顿粥"作为该 SoA 的受事角色出现，和施事角色"一家大小"形成一种数量上的对比，带有主观大量的意味，为这个 SoA 补充了数量信息。例（40）中"一个胜利的消息"表示三阶语义实体，也是作为受事角色出现，也属于主观大量。

当"一量名"处于表示客观认知情态的 SoA 中时，"一量名"主要担任定位角色，通常都是表地点的地点实体。根据前文所述，客观认知情态，就是用来表示在客观上具有某种逻辑可能性，不涉及说话人的主观性判断，从客观上反映了一种常识性的发展趋势。而作为定位角色出现的"一量名"在 SoA 里的作用主要是强调该实体数量为"一"，是客观量。

(41) 当不同形态的花朵被均匀分散在<u>一个区域</u>的时候，蜜蜂的懒惰劲儿就上来了，变得不那么挑剔了。(《蜜蜂为何"单恋一枝花"》，中国科普网》)

该 SoA 中，"一个区域"是一个表地点实体的"一量名"，为客观量。整个 SoA 反映的是一种客观的普遍规律，因此具有客观认知情态。此处的"一个区域"并不指具体某个特定的"区域"，而是用来表示"不同形态的花朵"会"分散"在同一个区域而不是两个或多个不同区域。

7.3.4　一价述谓动态型 SoA 中数量型"一量名"的语义表征

在一价述谓动态型 SoA 中，数量型"一量名"可以担任施事角色和受事角色两种情况，该 SoA 既可以处于现实性的情态之中，也可以处于非现实性的情态中。我们仍然可以分现实性一价述谓 SoA 和非现实性一价述谓 SoA 来讨论。

7.3.4.1　现实性一价述谓 SoA 中"一量名"的语义表征

在现实性的一价述谓 SoA 中，数量型"一量名"通常是担任施事角色，这种情况下其语义实体类型只能是表人的一阶实体；有时候也会担任受事角色，通常是表物的一阶实体、二阶实体。该 SoA 中，"一量名"可以表客观量，也可表主观量。例如：

(42) 他什么也没说，<u>一个人</u>走了。

(43) <u>一本书</u>被点击了两万次。

(44) 一场官司打了三年，终于结束了。

例（42）中，"一个人"在该 SoA 中担任施事角色，为表人一阶实体，强调"他"只有一个人，而不是和别的人一起"走"，表示客观量；例（43）中的"一本书"是受事角色，是表物的一阶实体，与后面的"两万次"形成了一个量的对比，体现了"一本书"是小量。例（44）中"一场官司"是受事角色，表示二阶实体。这里的"一量名"是主观小量，其主观性通过"终于"可以看出，说话人想表达这样一个言外之意：仅仅"一场官司"（小量），就打了"三年"（大量）。

7.3.4.2　非现实性一价述谓 SoA 中"一量名"的语义表征

在非现实性的一价述谓 SoA 中，数量型"一量名"一般担任受事角色，其表达的语义实体类型是相对丰富的，可以是一阶、二阶、三阶实体。这种非现实性的一价述谓 SoA 是具有事件导向型的客观情态，准确来说，是具有客观认知情态的 SoA。此时，这个非现实的 SoA 通常是反映一些客观的规律和条件，故"一量名"用于表客观量。例如：

(45) 制作青霉素的原料是玉米，生产一吨青霉素需要22吨玉米。(1995年《人民日报》)

(46) 办一场婚庆仪式的花费至少需5,000元。(《市场报》1994年)

(47) 中国手机短信息在传送信息方面的独特优势：价格低廉，发送一条短信的费用仅需0.1元。(新华社2002年10月份新闻报道)

以上几例中，"一量名"所在的 SoA 都具有事件导向型的客观情态，即反映完成某个事件所需要的客观条件，这种客观的状态不受说话人的影响，其命题内容叙述的是一种客观认知，是普遍存在的规律。这几例中，"一吨青霉素""一场婚庆仪式""一条短信"分别表示一阶、二阶、三阶实体，作为受事角色出现，都是客观量。

7.4 句法层面的数量型"一量名"

在句法层面，数量型"一量名"所在的小句（Clause）框架分为以下几种：①呈现句；②述谓性小句；③辨识性提升小句。

7.4.1 呈现句中数量型"一量名"的句法特征

说话人在一个呈现句中引入表数量的"一量名"的主要交际意图有两种：一是表示该"一量名"指称对象的集合在当前语境中不存在；二是强调在当前语境中，存在不止一个这样的指称对象。在此基础上，为"一量名"赋予一定的表征，最后投射到句法上，形成一个包含数量型"一量名"的呈现句。该呈现句包括三个部分：情景成分（表示语境中已知的时间或地点），假位动词，"一量名"。在这类呈现句中，谓词成分比较特殊，如果说话人意图是表示"一量名"所指称集合的不存在，则假位动词为"没有"；如果说话人意图是强调"一量名"代表的对象在语境中数量大于"一"，则通常使用"有/存在+不止"这种假位动词。

在该呈现句的排列中，"一量名"位于句末，情景成分和假位谓词成分分别位于句首、句中位置，总的来说，其两种排列情况大致如下。

第一种情况，当呈现句表示"一量名"所指集合不存在，例如："街上没有一个人。"这时候，该类呈现句的句法排列为：

　　　　情景成分 + 没 + 有 + "一量名"
　　|　　P^I　　P^{M-1} P^M　　　P^F　　|

第二种情况，当呈现句表示"一量名"所代表对象的数量在语境中大于"一"，例如："世界上不止一个国家。"这时候，该类呈现句的句法排列为：

　　　　情景成分 + 有/存在 + 不止 + "一量名"
　　|　　P^I　　　P^M　　P^{M+1}　　　P^F　　|

此时的"一量名"呈现小句在人际层面反映为一个话题为焦点的

一般性话语行为，在表征层面反映为一个存在性 SoA。与定指、不定指的呈现句一样，数量型"一量名"所在呈现句的排列也是一种句法性排列，受到了假位成分的影响。

7.4.2 述谓性小句中数量型"一量名"的句法特征

在述谓小句中，当数量型"一量名"被排列在不同的句法位置时，该述谓小句的排列往往也会随之不同，从而反映出不同的人际和表征功能。具体来说，数量型"一量名"可以被排列于句首、句中、句末三个位置。

7.4.2.1 "一量名"位于句首位置

数量型"一量名"位于述谓小句的句首时，可以分三种情况：①"一量名"充当主语；②"一量名"充当同位语。在这两种情况下，"一量名"所在的述谓小句反映在人际层面都是一个述题为焦点的话题性话语行为，"一量名"充当话题或者话题的修饰语；反映在表征层面是一个述谓性 SoA，"一量名"担当施事角色或施事修饰语。③"一量名"充当宾语。这种情况下，该述谓性小句的主语是一个动宾结构，例如："生产一台冰箱需要 5 小时。"显然这里的"一台冰箱"是做"生产"的宾语。这时，"一量名"所在的述谓小句在人际层面是一个述题为焦点的一般性话语行为，"一量名"是述题的组成成分。

当"一量名"充当主语时，这个述谓小句包括两个组成部分："一量名"主语、述谓结构。具体例如："我没有走远，一个人到楼下买了包烟。"这种情况下，该类小句的句法排列如下：

"一量名"（主语） +述谓结构
|　　　　　P_1^I　　　　　P_1^M　P_1^F　|

当"一量名"充当同位语时，这个述谓小句包括四个组成部分：NP/代词主语、"一量名"同位语、述谓结构。具体例如："他一个人弹了首曲子。"此时，"一量名"同位语与 NP 主语联系紧密，共同处于句首位置，分别记为 P_2^{I+1}、P_2^I，述谓结构占句中、句末两个位置，

即 P_2^M、P_2^F。一般来说，其句法排列如下：

　　NP/代词（主语） + "一量名"（同位语） + 述谓结构
　　｜　　　P_2^I　　　　　　　P_2^{I+1}　　　　　P_2^M　P_2^F　｜

另外，若该述谓小句所反映的述谓 SoA 为非现实性 SoA，且有明显的情态标记（如能、可以），则情态标记应当放在谓词前位置（pre-verb position），由于情态标记属于表征层面的范畴，前面已经讨论过，这里不再多做说明。

当"一量名"充当宾语时，与支配它的 VP 一同位于句首，述谓结构位于句中、句末位置。其句法排列如下：

　　VP + "一量名"（VP 宾语） + 述谓结构
　　｜ P_3^{I-1}　　　　P_3^I　　　　　P_3^M　P_3^F　｜

7.4.2.2　"一量名"位于句中位置

数量型"一量名"位于述谓小句的句中位置时，一般是充当状语。此时的述谓小句反映在人际层面也是一个话题性的话语行为，但"一量名"存在于述题之中；表现在表征层面是一个一价或二价的述谓性 SoA，"一量名"担当定位角色，一般是表示地点的语义实体。具体例如："牛羚不会在<u>一个地方</u>待太久。"

当"一量名"充当状语时，这个述谓小句包括三个组成部分：NP 主语、"一量名"状语、述谓结构。这种情况下，NP 主语位于句首，述谓结构位于句中（P^M）、句末（P^F）位置。"一量名"被放在述谓结构前，与述谓结构的关系较为紧密，因此也位于句中位置，记为 P^{M-1}。其句法排列如下：

　　NP（主语） + "一量名"（状语） + 述谓结构
　　｜　P^I　　　　　　P^{M-1}　　　　　　P^M　P^F　｜

该类述谓小句所反映的述谓 SoA 也有可能为非现实性 SoA，但一般没有明显的情态标记，在句法层不处理，只在表征层表现为含有一个情态作用词（operator of modality）。

7.4.2.3　"一量名"位于句末位置

数量型"一量名"位于述谓小句的句末时，一般充当宾语、补语。

例如：a. 她没有做过一件亏心事。b. 我们的目标都集中在一个区域。包含句末"一量名"的述谓小句反映在人际层面是一个话题性的话语行为，"一量名"位于述题之中，为述题行为补充对象信息或者是位置信息；反映在表征层面是一个二价的述谓性 SoA，"一量名"担当受事角色或定位角色。

当"一量名"充当宾语时，这个述谓小句包括三个组成部分：NP 主语、VP 成分、"一量名"宾语。当"一量名"充当补语时，述谓小句同样包括三个部分：NP 主语、VP 成分、"一量名"趋向补语。这两种情况"一量名"在句法排列上并无区别，只在句法特征上有区别为宾语和补语，分别表征了不同的语义角色（受事角色和定位角色）。具体排列如下：

NP（主语） +VP + "一量名"（宾语）／ "一量名"（补语）
| P^I　　　　　P^M　　　　　　　　　　P^F　　　　　　|

数量型"一量名"位于述谓小句的句末时，有时候还可以充当宾语成分的同位语，例如："我只告诉了他一个人。"此时的小句反映在人际上是一个述题为焦点的话题性话语性为，"一量名"位于述题之中，担任述题组成成分的修饰语。反映在表征上，"一量名"是述谓性 SoA 中受事角色的修饰语。此时述谓小句中，NP 主语、VP 分别位于句首（P^I）、句中（P^M）位置，而"一量名"紧邻于 NP/代词宾语，二者皆位于句末，分别记为 P^{F+1}、P^F。此时小句的句法排列情况如下：

NP（主语） +VP+NP/代词（宾语） + "一量名"（同位语）
| P^I　　　P^M　　　　　P^F　　　　　　　P^{F+1}　|

7.4.3　辨识性提升小句中"一量名"的句法特征

这种辨识性小句在人际层面也反映为一个辨识性焦点的话语行为，其交际意图是否作为最小量的"一量名"，即完全否定这类事物集合在语境中的存在。在这种小句结构中，"一量名"的位置得到了提升（raising），是一种人际性排列（interpersonal alignment）。其中体现了说话人对于数量信息焦点的集中突显，强调"一量名"在语境中的数量为零的交际意图。这种小句在表征层面并没有完全对应某一种 SoA，可

203

以是存在性 SoA 中"一量名"的句法提升，也可以是述谓性 SoA 中受事"一量名"的句法提升，关键看 VP 成分是表静态存在的（例如有、存在）还是表动态行为的（例如看、吃等）。例如：a.（街上）<u>一个人</u>也没有。b.（我）<u>一座房子</u>也没看到。例 a 对应的是存在性 SoA"街上没有一个人"，VP 为"没有"，表静态存在；例 b 对应的是述谓性 SoA"我没看到一座房子"，VP 为"没看到"，表动态行为。

为了便于分类，我们将这两种 VP 记为 VP1（静态）和 VP2（动态）。无论是哪种 VP，都必须带上表否定的"不""没"等。这种辨识性焦点结构主要包括两种结构：①"一量名"+也/都+否定型 VP1/VP2；②连+"一量名"+也/都+否定型 VP1/VP2。这两种情况下，"一量名"分别位于小句的句首（P_1^{I+1}）和句中位置（P_2^M）。两种情况的具体排列如下：

（NP）+"一量名"+也/都+否定型 VP1/VP2

| P_1^I　　　　P_1^{I+1}　　　P_1^M　　　　　P_1^F　　　|

（NP）+连+"一量名"+也/都+否定型 VP1/VP2

| P_2^I　　P_2^{M-1}　　P_2^M　　　P_2^{M+1}　　　　P_2^F　　|

第八章 结语

8.1 本研究的主要结论

"一量名"在具体话语中的指称情况十分丰富，既有指称用法，也有非指称用法。"一量名"的指称用法包括不定指、定指、类指等，非指称用法包括陈述和表数量。前人对于"一量名"的指称研究偏重于考察其单项指称功能，并且以传统语法的研究居多。从话语的角度对"一量名"的指称情况进行多角度考察的研究成果还较为稀缺，一般仅仅从语义、句法等某一方面去考察，忽略了语境的作用。基于此，本书通过对"一量名"相关语料的梳理，采用功能话语语法的研究范式，从人际、表征、句法三个层面分别考察分析了"一量名"的5种指称情况。现将不同指称情况的"一量名"的基本特征总结、对比如表8–1：

表8–1 "一量名"各类指称情况的主要特征和区别

"一量名"	是否指称实体	能否充当语段话题	指称的对象	语义角色	句法位置
不定指	+	+	+个体；-辨识	+施事；+受事；+定位	+语前；+句首；+句中句末
定指	+	+	+个体；+辨识	-施事；+受事；-定位	+语前；+句首；+句中句末
类指	+	+	-个体；+辨识	+施事；+受事；+定位	+句首；+句中句末
陈述性	-	-	-个体；+属性	-施事；-受事；+定位；+施事的修饰语；+受事的修饰语	+句首；+句中句末
数量型	-	-	-个体；+数量	+施事；+受事；+定位；+施事的修饰语；+受事的修饰语	+句首；+句中句末

备注：

根据上表的总结，我们可以将本书的主要结论概括为以下三个方面。

(一) 具体区分了"一量名"的指称用法和非指称用法，并提出判定标准及分类

首先，我们认为"一量名"既有指称的用法，也有非指称的用法。当"一量名"为指称性成分时，其主要功能是在话语中指称实体，可以分为不定指"一量名"、定指"一量名"、类指"一量名"这三种情况。这三种情况的"一量名"都属于有指成分，其中，不定指"一量名"和定指"一量名"所指称的对象是语境中的某一个事物，前者是不可辨识的，后者是可辨识的，二者均属于个体指；而类指"一量名"指称的对象是语境中的某一类事物，是可辨识的，属于类指。当"一量名"为非指称成分时，不用于指称实体，而是用来昭示属性或表示数量，即陈述性"一量名"和数量型"一量名"这两种情况。其中，陈述性"一量名"用来描述语境中某个实体的属性特征，数量型"一量名"用来表示语境中某类实体的数量。

其次，本书结合前人的研究成果，分别提出了5种"一量名"指称情况的判定标准。具体来说：①不定指"一量名"的判定主要以可辨识性（identifiability）为依据，即在语境中，如果说话人预料该"一量名"所指称的事物对受话人来说是不可辨识的，则该"一量名"就是不定指"一量名"；②定指"一量名"的判定以可辨识性和有无语境定位成分为主要依据，在具体话语中，如果说话人预料受话人能从上下文语境中辨识出"一量名"的确切所指对象，则该"一量名"可以视为被语境定位成分所定位，属于定指成分。③类指"一量名"的判定主要看其是否具有指类性和话题性。类指"一量名"所指的一定是一类事物而不是个体事物，并且，它可以作为非现实句的话题出现，而定指/不定指"一量名"都不具备这一功能。④陈述性"一量名"的判定标准主要有两条，一是看该"一量名"是否为非指称成分，二是看是否用于描述语境中的某一实体的属性。⑤数量型"一量名"的判定主要看是否为非指称成分，以及是否表示数量。

再次，本书从话语的角度出发，对几种不同指称情况的"一量名"

再次进行了下位分类，主要是对不定指、定指、数量型"一量名"的进一步分类。①不定指"一量名"可以以说话人自身在话语中能否识别该指称对象为分类标准，进一步分为特指性不定指"一量名"和泛指性不定指"一量名"；②定指"一量名"根据其在话语中语境定位情况的不同，可分为被上文语境定位的"一量名"、被下文语境定位的"一量名"两种情况；③数量型"一量名"可以根据其主观和客观性，分为表主观量的"一量名"和表客观量的"一量名"，其中表主观量的"一量名"既可以表主观小量，也可以表主观大量。

（二）细致描写、分析了"一量名"指称情况在人际、表征、句法上的特征

综上所述，"一量名"有不定指、定指、类指、表属性、表数量这五种主要的指称情况。根据"一量名"指称情况的不同，其在功能话语语法（FDG）的人际、表征、句法层面也会呈现出各自不同的特征。

首先，从人际层面来看，可以将不同指称情况的"一量名"在人际上的异同对比如表8-2：

表8-2 "一量名"各类指称情况在人际层面的异同

"一量名"	内容框架类型	"一量名"的人际功能
不定指	①话题为焦点的一般性框架 ②述题为焦点的一般性框架 ③述题为焦点的话题性框架 ④辨识性焦点框架	①语段全局话题 ②语段局部话题 ③为语段提供背景信息
定指	①话题为焦点的一般性框架 ②述题为焦点的一般性框架 ③述题为焦点的话题性框架 ④辨识性焦点框架	①语段全局话题 ②语段局部话题 ③为语段提供背景信息
类指	①述题为焦点的话题性框架 ②辨识性焦点框架	①语段局部话题 ②为语段提供背景信息
陈述性	①话题为焦点的一般性框架 ②述题为焦点的话题性框架 ③辨识性焦点框架	①为语段提供背景信息 ②与上下文关联不大
数量型	①话题为焦点的一般性框架 ②述题为焦点的一般性框架 ③述题为焦点的话题性框架 ④辨识性焦点框架	①为语段提供背景信息 ②与上下文关联不大

根据表 8-2,"一量名"的 5 类指称情况在人际上的特征分别如下:①不定指"一量名"可以出现在一般性、话题性、辨识性焦点的内容框架之中,在语段中主要具有全局话题、局部话题、非话题三种人际功能。当"一量名"在话语行为或语段中担任话题时,反映的是一种前景信息,此时"一量名"是特指性的;而作为非话题出现时,则反映的是一种背景信息,"一量名"可以是泛指性的也可以是特指性的,是说话人不需要,或不希望受话人辨明的信息。辨识性焦点框架可以将原本为背景信息的"一量名"突显出来,实现其"前景化"。②定指"一量名"也可以出现在一般性、话题性、辨识性焦点的内容框架中,在语段中的人际功能主要有:担任语段局部话题、作为叙事语段的起点和结尾(全局话题)、为下文提供背景信息等。③类指"一量名"可以出现在话题性和辨识性焦点的内容框架之中。此时"一量名"在话语行为中的人际功能是充当话题,或充当述题的一部分,在语段中的人际功能是充当语段局部话题或为下文提供背景信息;在说明型、劝诫型、感叹型、疑问型的话语行为中,"一量名"的使用会反映说话人不同的交际意图;在叙事性、说明性语段中,"一量名"的使用体现了言者的个人、互动、社会文化立场(stance)。④陈述性"一量名"可以出现在话题性、一般性、辨识性焦点的内容框架中,在话语行为中可以充当话题、述题,或者是话题修饰语、述题修饰语。当"一量名"充当话语行为的话题/述题时,在语段中的人际功能主要是为上下文提供背景信息;当"一量名"充当话语行为的话题修饰语/述题修饰语时,和上下文的联系不大。⑤数量型"一量名"可以出现在话题性、一般性、辨识性焦点的内容框架中,在一般性框架中,只能表示客观量;在话题性框架中,既可以表客观量,也可以表主观量;在辨识性焦点框架中,只能表示主观量。在语段中,数量型"一量名"的主要人际功能是为语段提供背景信息,但在作为人际修饰语时,与上下文并没有太多关联。

其次,从表征层面来看,可以将不同指称情况的"一量名"在表征上的异同对比如表 8-3:

表 8－3 "一量名"各类指称情况在表征层面的异同

"一量名"	事件状态类型	语义角色	语义实体类型
不定指	①存在性 SoA ②二价述谓动态型 SoA ③一价述谓动态型 SoA ④担任 SoA 的修饰语	①施事角色 ②受事角色 ③定位角色	①零阶实体 ②一阶实体 ③二阶实体 ④三阶实体 ⑤时间实体 ⑥地点实体
定指	①存在性 SoA ②同一性 SoA ③二价述谓动态型 SoA ④一价述谓非动态型 SoA ⑤担任 SoA 的修饰语	受事角色	①零阶实体 ②一阶实体 ③二阶实体 ④三阶实体
类指	述谓性 SoA	①施事角色 ②受事角色 ③定位角色	①零阶实体 ②一阶实体 ③二阶实体
陈述性	①分类性 SoA ②述谓性 SoA	①定位角色 ②受事角色的属性修饰语 ③施事角色的属性修饰语	①零阶实体 ②一阶实体 ③二阶实体 ④三阶实体 ⑤时间实体 ⑥地点实体
数量型	①存在性 SoA ②二价述谓动态型 SoA ③一价述谓动态型 SoA	①施事角色 ②受事角色 ③定位角色 ④受事角色的属性修饰语 ⑤施事角色的属性修饰语	①一阶实体 ②二阶实体 ③三阶实体 ④地点实体 ⑤时间实体

根据表 8－3，"一量名"的 5 类指称情况在表征上的特点分别如下：①不定指"一量名"可以出现在存在性、述谓性的 SoA 之中，还可以担任 SoA 的修饰语，其语义表征功能也是丰富多样的，可以充当施事、受事、定位角色，表征的语义实体类型大致包括零阶、一阶、二阶、三阶、地点、时间实体这几种。②定指"一量名"可以

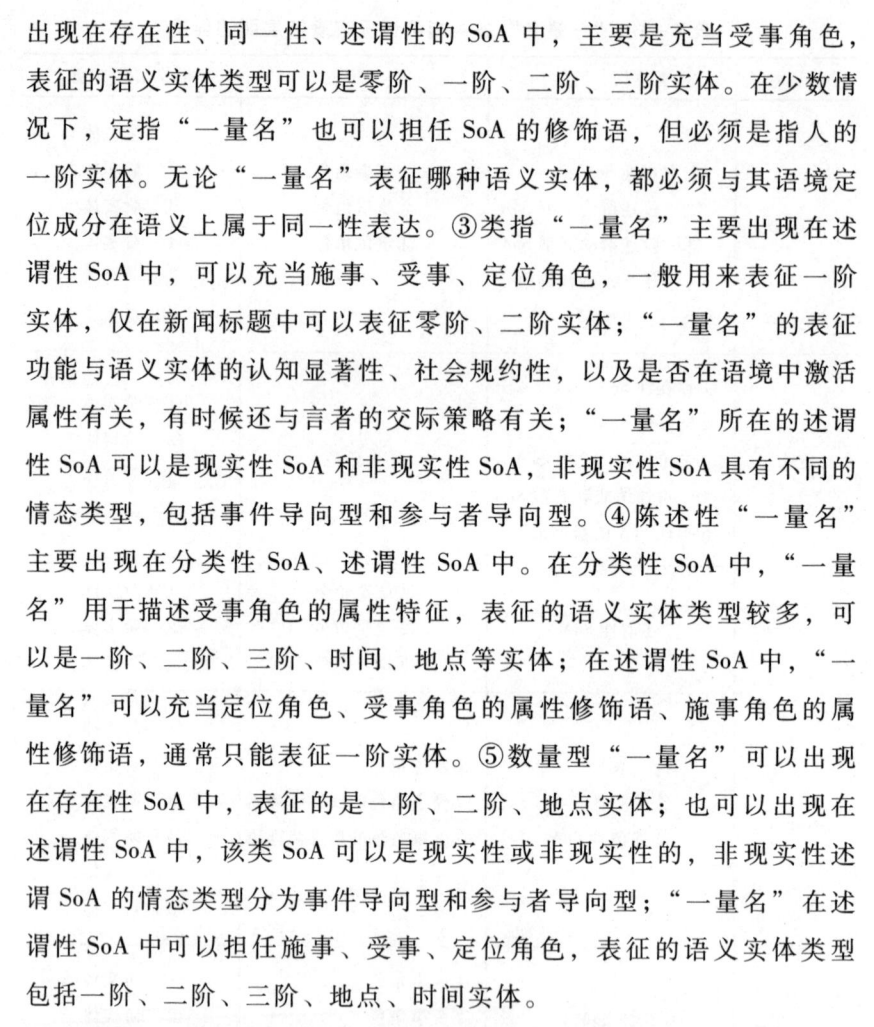

出现在存在性、同一性、述谓性的 SoA 中，主要是充当受事角色，表征的语义实体类型可以是零阶、一阶、二阶、三阶实体。在少数情况下，定指"一量名"也可以担任 SoA 的修饰语，但必须是指人的一阶实体。无论"一量名"表征哪种语义实体，都必须与其语境定位成分在语义上属于同一性表达。③类指"一量名"主要出现在述谓性 SoA 中，可以充当施事、受事、定位角色，一般用来表征一阶实体，仅在新闻标题中可以表征零阶、二阶实体；"一量名"的表征功能与语义实体的认知显著性、社会规约性，以及是否在语境中激活属性有关，有时候还与言者的交际策略有关；"一量名"所在的述谓性 SoA 可以是现实性 SoA 和非现实性 SoA，非现实性 SoA 具有不同的情态类型，包括事件导向型和参与者导向型。④陈述性"一量名"主要出现在分类性 SoA、述谓性 SoA 中。在分类性 SoA 中，"一量名"用于描述受事角色的属性特征，表征的语义实体类型较多，可以是一阶、二阶、三阶、时间、地点等实体；在述谓性 SoA 中，"一量名"可以充当定位角色、受事角色的属性修饰语、施事角色的属性修饰语，通常只能表征一阶实体。⑤数量型"一量名"可以出现在存在性 SoA 中，表征的是一阶、二阶、地点实体；也可以出现在述谓性 SoA 中，该类 SoA 可以是现实性或非现实性的，非现实性述谓 SoA 的情态类型分为事件导向型和参与者导向型；"一量名"在述谓性 SoA 中可以担任施事、受事、定位角色，表征的语义实体类型包括一阶、二阶、三阶、地点、时间实体。

最后，从句法层面来看，可以将不同指称情况的"一量名"在句法上的异同对比如表 8-4：

表 8-4 "一量名"各类指称情况在句法层面的异同

"一量名"	小句框架类型	"一量名"的句法位置
不定指	①呈现句 ②二价述谓小句 ③一价述谓小句 ④辨识性提升小句	①语前位置 ②句首位置 ③句中位置 ④句末位置

续表

"一量名"	小句框架类型	"一量名"的句法位置
定指	①呈现句 ②同一性小句 ③一价述谓小句 ④二价述谓小句 ⑤辨识性提升小句	①语前位置 ②句首位置 ③句中位置 ④句末位置
类指	①一般性述谓句 ②"左—右"分离性述谓句 ③同型话题结构	①句首位置 ②句中位置 ③句末位置 ④分句句首
陈述性	①分类性小句 ②"左—右"分离性述谓句 ③"左—中—右"分离性述谓句 ④一般性述谓句 ⑤对比性小句	①句首位置 ②句中位置 ③句末位置
数量型	①呈现句 ②述谓性小句 ③辨识性提升小句	①句首位置 ②句中位置 ③句末位置

根据表8-4，"一量名"的5类指称情况在句法上的特点分别如下：①不定指"一量名"能够出现在呈现句、述谓小句、辨识性提升小句这几种小句框架中，其句法位置可以是句首、句中、句末，还有语前位置。②定指"一量名"能够出现在呈现句、同一性小句、述谓小句、辨识性提升小句中，其句法位置可以是句首、句中、句末、语前位置。③类指"一量名"能够出现在一般性述谓句、"左—右"分离性述谓句、同型话题结构中，其句法位置可以是句首、句中、句末位置，在同型话题结构中，"一量名"还能位于分句的句首位置。④陈述性"一量名"能够出现在分类性小句、"左—右"分离性述谓句、"左—中—右"分离性述谓句、一般性述谓句、对比性小句这几种小句框架中，其句法位置可以是句首、句中、句末位置。⑤数量型"一量名"可以出现在呈现句、述谓性小句、辨识性提升小句中，其句法位

置可以是句首、句中、句末位置。

(三) 着力解释了"一量名"相关指称现象的动因

"一量名"在表指称的过程中,由于各方面的原因,常常会出现许多特殊的指称现象。在各章节中,从话语功能的各个角度,着力去分析和解释了一些有关现象的动因。

议论性语段中的类指"一量名"通常可以与光杆 NP 互换,而叙事语段中却往往不可以。造成这种现象的主要原因是由于这两种不同语境中,言者立场存在差异。议论性语段中的"一量名"更多地反映了一种社会文化立场,是对某一类普遍社会现象的描述,不含个人的情感,针对的受众也具有普遍性,不是针对某一个人,因此可以与光杆 NP 互换而不影响其表达。但叙事性语段中,类指"一量名"通常体现了一种"指称上的转换",除了社会文化立场之外,还体现了互动立场和个人立场。一方面,说话人采用类指的表达,使其个人立场上升到社会共知层面,增加了说服力;但另一方面,说话人使用这种社会道义的主要意图还在于促成个人立场的表达,即对于语境中的某个对象实行劝诫、自省或评议,或者使得语境中人物认同自己的观点,实现互动;因此,"一量名"会比光杆 NP 更适合于这种情况,二者间不能互换。

陈述性"一量名"有作为主语的同位成分出现的情况,有时候,主语与同位语之间存在句法停顿,有时候却不存在;并且,这种句法停顿不一定能被取消。造成这种情况的动因是什么呢?实际上,这就是"一量名"所在的"左—右"分离性述谓句和"左—中—右"分离性述谓句之间的区别,与其人际意图有很大的关系。当"一量名"所述属性带有说话人对于主语所指对象的个人看法,掺杂了主观情感,此时"一量名"与主语之间的人际关系比较紧密,在人际层面可以被看做是话题(即主语)的修饰语,这时候二者之间一般不存在句法停顿,或者句法停顿可以被取消;当"一量名"所述属性为客观属性时,与主语之间的人际关系不太紧密,"一量名"在人际层面可以被看作是一个从属性话语行为,为主语指称对象提供旁白(aside),此时二者间会存在句法停顿,且这种停顿一般不能被取消。

在新闻标题等标题式语句中，也常常会用到"一量名"，但其实，标题式语句中的"一量名"指称功能不是单一的，会反映说话人不同的交际意图。"一量名"有时候是表示不定指的，例如"<u>一场事故</u>'撞破'大把问题"；此时说话人使用"一量名"的主要交际意图是为了模糊焦点和互动的需要；也有可能是类指的，例如"<u>一条鱼</u>拉动中山东镇经济腾飞"，此时带有一种以"小量"显出"大量"的夸张意味，体现了说话人的互动立场。

8.2　本研究的不足和待研究的问题

尽管本书的研究相对地取得了一些成绩，但由于时间、精力以及个人学识水平等方面的原因，本研究仍存在若干不足，在将来的研究中，笔者将进一步完善这些方面：

第一，本书主要从人际、表征、句法层面对于"一量名"的指称情况进行了考察，但由于条件限制，以及语料收集上的一些困难，尚未能从功能话语语法的音系层面对于"一量名"指称情况进行考察和分析，这方面的研究笔者可以作为下一步的议题来考虑。

第二，本书主要针对"一量名"的指称情况及其功能展开研究，而汉语中还存在许多与"一量名"相关的 NP．例如，"数量名"/"指量名"、光杆名词．这些 NP 在指称上与"一量名"有联系也有区别，也是非常值得研究的。今后笔者可以将研究范围进一步扩展，考察相关指称现象。

第三，由于"一量名"涉及的语料过于庞大，其指称情况也十分复杂，所以本书在研究过程中，主要是从定性的角度，尽可能地去囊括"一量名"各种指称情况，但其中的描写和解释仍难免存在疏漏、不足之处。

参考文献

[1] 白鸽. "一量名"兼表定指与类指现象初探 [J]. 语言教学与研究, 2014 (4).

[2] 曹秀玲. "一(量)名"主语句的语义和语用分析 [J]. 汉语学报, 2005 (2).

[3] 陈嘉映. 语言哲学 [M]. 北京：北京大学出版社, 2003.

[4] 陈平. 释汉语中与名词性成分相关的四组概念 [J]. 中国语文, 1987 (2).

[5] 崔维真. "一量名 + Neg + VP"和"Neg + VP + 一量名"的不对称 [J]. 理论月刊, 2013 (5).

[6] 戴维·克里斯特尔编、沈家煊译. 现代语言学词典 [M]. 北京：商务印书馆, 2011.

[7] 戴炜华主编. 新编英汉语言学词典 [M]. 上海：上海外语教育出版社, 2011.

[8] 邓仁华. "前景化"概念的演变及其对文学文本解析的功用 [J]. 华南理工大学学报（社会科学版）, 1999 (2).

[9] 高顺全. 试论汉语通指的表达方式 [J]. 语言教学与研究, 2004 (3).

[10] 侯占香. 亚里士多德的逻辑学说与语言的渊源关系研究 [D]. 桂林：广西师范大学硕士学位论文, 2004.

[11] 胡清国. "一量（名）"否定格式对量词的选择与限制 [J]. 汉语学报, 2006 (3).

[12] 胡清国. "一量（名）+否定"格式的语法化 [J]. 江西财经大学学报, 2014 (1).

[13] 胡清国. "一量名"否定格式的两种语序及其制约因素 [J]. 宁夏大学学报, 2007 (4).

[14] 胡壮麟、朱永生、张德禄. 系统功能语法概论 [M]. 长沙：湖南教育出版社, 1989.

[15] 贾丽晨. "一 + X + NP"格式考察 [D]. 桂林：广西师范大学硕士毕业论

文，2013.

[16] 姜红．与陈述、指称相关的现代汉语语法现象研究［D］．苏州：苏州大学博士学位论文，2007．

[17] 蒋静忠．"都"指向单数"一量名"的制约规则及相关解释［J］．语言研究，2008（3）．

[18] 李广瑜，陈一．关于同位性"人称代词单＋一个NP"的指称性质、语用功能［J］．中国语文，2016（4）．

[19] 李劲荣．汉语里的另一种类指成分——兼论汉语类指成分的语用功能［J］．中国语文，2013（3）．

[20] 李曙光．"一＋量＋名"作"把"的介引对象的指称性若干验证［J］．伊犁教育学院学报，2006（4）．

[21] 李艳惠，陆丙甫．数目短语［J］．中国语文，2002（4）．

[22] 李宇明．"一量＋否定"格式及有关强调的问题［J］．华中师范大学学报（人文社会科学版），1998（5）．

[23] 李宇明．汉语量范畴研究［M］．武汉：华中师范大学出版社，2000．

[24] 刘安春．"一个"的用法研究［D］．北京：中国社会科学院研究生院博士毕业论文，2003．

[25] 刘丹青．汉语类指成分的语义属性和句法属性［J］．中国语文，2002（5）．

[26] 刘杰，于芹．认知语法中"前景/背景"理论［J］．合肥学院学报，2013（5）．

[27] 刘琪．句法与语篇：汉语叙事中实体首现的规律与无定构式的成因分析［D］．武汉：华中师范大学博士毕业论文，2014．

[28] 刘兴宾．对话句法理论与立场研究［J］．安康学院学报，2016（2）．

[29] 卢伟伟．"一量（的）名"结构研究［D］．锦州：渤海大学硕士毕业论文，2012．

[30] 陆俭明，沈阳．汉语和汉语研究十五讲［M］．北京：北京大学出版社，2004．

[31] 陆俭明，马真．现代汉语虚词散论［M］．北京：北京大学出版社，1985．

[32] 陆俭明．现代汉语语法研究教程［M］．北京：北京大学出版社，2003．

[33] 陆俭明．八十年代中国语法研究［M］．北京：商务印书馆，1993．

[34] 罗桂花．立场概念及其研究模式的发展［J］．当代修辞学，2014（1）．

[35] 罗素．数理哲学导论（中译本）［M］．晏成书译．北京：商务印书馆，1982．

[36] 马大康. 社会规约：文学的结构性要素 [J]. 文艺理论研究 2015 (3).

[37] 马庆株. 指称义动词和陈述义名词 [A]. 中国语文杂志社编,《语法研究和探索》(七) [C]. 北京：商务印书馆, 1995.

[38] 孟丽艳. "一量名"主语句中主语的不同指称意义及其动因 [A]. 陈昌来主编《现代汉语三维语法论》[C]. 上海：学林出版社, 2005.

[39] 彭可君. 关于陈述和指称 [J]. 汉语学习, 1992 (2).

[40] 冉永平, 杨娜. 新闻访谈话语中立场表述的语用分析 [J]. 外语教学, 2017 (1).

[41] 沈家煊. 不对称和标记论 [M]. 南昌：江西教育出版社, 2005.

[42] 沈家煊. 如何处置"处置式"？——论把字句的主观性 [J]. 中国语文, 2002 (5).

[43] 沈园. 汉语中另一种"无定"主语 [A]. 语法研究和探索（十二）[C]. 中国语文杂志社编. 北京：商务印书馆, 2003.

[44] 盛林. 汉语中"一＋量＋名"结构的语用研究 [J]. 潍坊学院学报, 2003 (1).

[45] 唐彧. "数（量）名"无定主语句的使用特点分析 [J]. 西南大学学报（增刊）, 2010 (5).

[46] 王广成. 汉语无定名词短语的语义特征：指称和量化 [D]. 北京：北京语言大学博士毕业论文, 2007.

[47] 王还. "把"字句中"把"的宾语 [J]. 中国语文, 1985 (1).

[48] 王红旗. "指称"的含义 [J]. 汉语学习, 2011 (6).

[49] 王红旗. 不定指成分出现的语境条件 [J]. 世界汉语教学, 2012 (1).

[50] 王红旗. 非指称成分产生的原因和基础 [J]. 汉语学习, 2006 (1).

[51] 王红旗. 功能语法分类之我见 [J]. 世界汉语教学, 2004 (2).

[52] 王红旗. 指称不确定性产生的条件 [J]. 语文研究, 2006 (3).

[53] 王秀卿、王广成. 数量名主语句 [J]. 现代语文, 2014 (8).

[54] 危艳丽. 主观大量"一量（的）名"的认知语义特点 [J]. 语文学刊, 2013 (1).

[55] 魏红, 储泽祥. "有定居后"与现实性的无定NP主语句 [J]. 世界汉语教学, 2007 (3).

[56] 吴文婷. "一＋量词＋中心语"结构 [D]. 南京：南京林业大学硕士毕业论文, 2010.

[57] 吴玉玲. 仿拟话语表征的功能话语语法解析 [J]. 西北工业大学学报（社会

科学版），2011（2）．

［58］吴玉玲．功能话语语法理论识解［J］．漳州师范学院学报（社会科学版），2010（1）．

［59］邢福义，吴振国．语言学概念（第二版）［M］．武汉：华中师范大学出版社，2011．

［60］熊岭．现代汉语指称范畴研究［D］．武汉：华中师范大学博士毕业论文，2012．

［61］徐烈炯．语义学（修订本）［M］．北京：语文出版社，1995．

［62］许剑宇．"一＋量＋名"结构表指称现象的语义和语用分析［J］．浙江学刊，2011（6）．

［63］许明．走近功能话语语法［J］．外语研究，2009（2）．

［64］许明．汉语语言信息组装的功能话语语法研究［D］．南京：南京师范大学博士毕业论文，2014．

［65］薛秀娟．"一＋量＋名"结构中量词的认知研究［D］．济南：山东师范大学硕士毕业论文，2006．

［66］姚双云．《话语中的立场表达：主观性、评价与互动》评介［J］．外语教学与研究，2011（1）．

［67］姚双云．汉语条件句的会话功能［J］．汉语学习 2012（6）．

［68］尹慧．汉语"［（一）（量）］名"结构及其英语对应形式的研究［D］．延吉：延边大学硕士毕业论文，2005．

［69］于守刚．浅析功能话语语法的形态句法层［J］．学术交流，2014（4）．

［70］袁毓林．对"词类是表述功能类"的质疑［J］．汉语学报，2006（3）．

［71］詹斯·奥尔伍德等著、王维贤等译．语言学中的逻辑［M］．石家庄：河北人民出版社，1984．

［72］张斌．汉语语法学［M］．上海：上海教育出版社，2003．

［73］张斌．指称和陈述［J］．现代中国语研究，2011（13）．

［74］张伯江，方梅．汉语功能语法研究［M］．南昌：江西教育出版社，1996．

［75］张伯江．词类活用的功能解释［J］．中国语文，1994（5）．

［76］张伯江．汉语名词怎样表现无指成分［A］．庆祝中国社会科学院语言研究所建所45周年学术论文集［C］．中国语文编辑部（编）．北京：商务印书馆，1997．

［77］张慧．现代汉语光杆名词及"数量名"短语的定指性考察——指称异化与指称交叉［D］．北京：北京大学硕士毕业论文，2011．

[78] 张济卿. 有关"把"字句的若干验证与探索 [J]. 语文研究, 2000 (1).

[79] 张金兴. 语义分析: 从外延到内涵——卡尔纳普逻辑语义学评析 [J]. 淮阴师专学报, 1997 (3).

[80] 张谊生. 统括副词前光杆名词的指称特征 [A]. 语法研究和探索 (十二) [C]. 中国语文杂志社编. 北京: 商务印书馆, 2003.

[81] 钟书能. 生命度——构建语言意义的核心因素 [J]. 北京第二外国语学院学报 (外语版), 2008, (4).

[82] 周思佳, 陈振宇. "一量名"不定指名词主语句允准条件计量研究 [J]. 语言科学, 2013 (4).

[83] 周思佳. "一量名"不定指名词主语句研究 [D]. 上海: 复旦大学硕士学位论文, 2011.

[84] 朱德熙. 语法讲义 [M]. 北京: 商务印书馆, 1982.

[85] 朱景松. 陈述、指称与汉语词类理论 [A]. 中国语文杂志社编,《语法研究和探索》(七) [C]. 北京: 商务印书馆, 1996.

[86] 宗守云. "一量名"和"X量名"的差异 [J]. 阜阳师范学院学报 (社会科学版), 2008 (1).

[87] Anstey, Matthew P. Functional Grammar from its Inception [C] //J. Lachlan Mackenzie and Maria, 2004.

[88] Christophersen, P. The articles. A study of their theory and use in English [M]. Copenhagen: Munksgaard, 1939.

[89] Connolly, John H. Context in Functional Discourse Grammar [M]. Alfa: Revista de Linguistica, 2007.

[90] Connolly, John H. The Question of Discourse Representation in Functional Discourse Grammar [C] //J. Lachlan Mackenzie, and Maria A. Gomez-Gonzalez. A New Architecture for Functional Grarnrnar, Berlin: Mouton de Gruyter, 2004.

[91] Cornish, Francis. Absence of Ascriptive Predication, Topic and Focus: The Case of Thetic Clauses. [C] //Henk Aertsen, Mike Hannay, and Rod Lyall (eds), Words in their Places: A Festschrift for J. Lachlan Mackenzie, Amsterdam: Vrije Universiteit Amsterdam, 2004.

[92] de los Angeles Gomez-Gonzalez. A New Architecture for Functional Grammar. Berlin and New York, NY: Mouton de Gruyter, 2004.

[93] Dik Simon C. The Theory of Functional Grammar, Part 1: The Structure of the Clause (2nd revised edition), ed. Kees Hengeveld [M]. Berlin/New York:

Mouton de Gruyter, 1997.

[94] Dik Simon C. The Theory of Functional Grammar, Part 2: The Structure of the Clause (2nd revised edition), ed. Kees Hengeveld [M]. Berlin/New York: Mouton de Gruyter, 1997.

[95] Dik, Simon C. Functional grammar [M]. Amsterdam: North-Holland, 1978.

[96] Dik, Simon C. Studies in functional grammar [M]. London: Academia Press, 1980.

[97] Dik, Simon C. The theory of Functional Grammar [M]. Foris: Dordrecht, 1989.

[98] Donnellan, Keith S. Reference and definite descriptions [J]. Philosophical Review, 1966 (75).

[99] Englebretson, Robert. Stancetaking in Discourse: Subjectivity, Evaluation, Interaction [M]. Amsterdam: John Benjamins, 2007.

[100] Foley, Willam A. Semantic parameters and the unaccusative split in the Austronesian language family [J]. Studies in Language, 2005 (2).

[101] Frege G. On Sense and Reference [C] //. In M. Baghramian (Ed), Modern philosophy of language, London: J. M. Dent, 1892.

[102] Garcia Velasco, Daniel& Jan Rijkhoff. The Noun Phrase in Functional Discourse Grammar [M]. Berlin: Mouton de Gruyter, 2008.

[103] Halliday M. A. K. An Introduction to Functional Grammar [M]. Edward Amold Ltd. K, 1985.

[104] Hannay, M. 1991. Pragmatic function assignment and word order variation in a functional grammar of English [J]. Journal of Pragmatics, 1991 (16).

[105] Hawkins, John. A. Definiteness and Indefiniteness: A Study in Reference and Grammaticality Predication [M]. London: Groom Helm, 1978.

[106] Hengeveld, Kees. Functional Discourse Grammar [M]. New York: Oxford University Press, 2008.

[107] Hengeveld, Kees. The Architecture of a Functional Discourse Grammar [C] //J. Lachlan Mac-kenzie and Maria de los Angeles Gomez-Gonzalez (eds.). A New Architecture for Functional Grammar, Berlin/New York: Mouton de Gruvter, 2004.

[108] Hengeveld, P. C. and Lachlan Mackenzie. Interpersonal functions, representational categories, and syntactic templates in functional discourse grammar [C] // M. A. Gomez-Gonzalez&J. Lachlan Mackenzie. Studies in Functional Discourse Grammar, Bern: Peter Lang, 2005.

[109] Hengeveld, Kees and Evelien Keizer. Non-straightforward communication [J].

Journal of Pragmatics, 2011.

[110] Hengeveld, Kees and Niels Smit. Dynamic Formulation in Functional Discourse Grammar. [C] //Kees Hengeveld and Gerry Wanders. Semantic Represensation in Functional Discourse Grammar. Lingua, 2009 (8).

[111] Hengeveld, Kees. A new approach to clausal constituent order [C] //J. Lachlan Mackenzie and Hella Olbertz. Casebook in Functional Discourse Grarnrnar. Amsterdam: John Benjamins, 2013.

[112] Hengeveld, Kees. Parts of speech [C] //Michael Fortescue, Peter Harder, and Lars Kristoffersen. Layered Structure and Reference in a Functional Perspective, Amsterdam & Philadelphia: John Benjamins, 1992.

[113] Hengeveld, P. C. Transparency in Functional Discourse Grammar [J]. Linguistics in Amsterdam, 2011 (2).

[114] Hopper P. J. & Sandra A. Thompson. Transitivity in Grammar and Discourse [J]. Language, 1980 (2).

[115] Jespersen, Otto. A modern English grammar on historical principles [M] copenhagen: munksgaard, 1943.

[116] Keizer, Evelien. A Functional Discourse Grammar for English [M]. New York: Oxford University Press, 2015.

[117] Keizer, Evelien. English Prepositions in Functional Discourse Grammar [J]. Functions of Language, 2008b.

[118] Keizer, Evelien. Proforms in Functional Discourse Grammar [C] //Daniel Garcia Velasco and Gerry Wanders. The Morphosyntactic Level in Functional Discourse Grammar. Special issue of Language Sciences, 2012 (4).

[119] Keizer, Evelien. The English Noun Phrase: The Nature of Linguistic Categorization [M]. Cambridge: Cambridge University Press, 2007.

[120] Keizer, Evelien. The interpersonal level in English [C] //Miriam van Staden and Evelien Keizer. Interpersonal Grammar: A Cross-linguistic Perspective. Special issue of Linguistics, 2009 (4).

[121] Lyons, J. Semantics [M]. Cambridge: Cambridge University Press, 1977.

[122] Mackenzie, J. Lachlan and Evelien Keizer. On assigning pragmatic functions in English [J]. Pragmatics, 1991 (2).

[123] Smit, N. FYI. Theory and typology of informational packaging [D]. Unpublished Doctoral Dissertation, 2012.

[124] Strawson, Peter F. On referring [J]. Mind, 1950 (59).

[125] Van Der Auwera, Johnan. Co-subordination [J]. Working Papers in Functional Grammar, 1997 (63).

[126] Van Valin, Robert D. Toward a functionalist account of so-called extraction constraints [C] //Betty Devriendt, Louis Goossens and Johan van der Auwera. Complex Structures. A Functionalist Perspective (Functional Grammar Series 17), Berlin/New York: Mouton de Gruyter, 1996.